ちょっとそこまで ひとり旅 だれかと旅

益田ミリ 著

幻冬舎

ぼくらは　きょうは　たんけんたい

益田ミリ

はじめに

昨日まで知らなかった世界を、今日のわたしは知っている。旅から戻ったその夜は、布団の中でいつも不思議な気持ちになるのでした。

もともと旅好きだったわけではありません。以前、日本には47都道府県もあるんだから全部行ってみることにしようと思い、ひとりで全国を旅したことがありました。最初は嫌々というか、渋々やっていたのですが、いつの間にか、旅はわたしの人生の一部になっていたのです。今では、しょっちゅう旅に出ています。ひとりのときもあるし、だれかと一緒のときもある。でも、たいてい、ちょっとそこまでという気軽さです。

はじめて海外ひとり旅も経験しました。フィンランドにいるときの「わたし」も、普段の「わたし」であることに安堵しました。そんなとき、わたしはわたしの人生を生きているのだと強く感じるのです。

益田ミリ

2013年　6月

※金額は目安です。その場でメモをとったり、後から思い出して書いたり、消費税をつけたり、つけなかったり。ご了承ください。

ちょっとそこまでひとり旅だれかと旅

目次

1 石川 金沢……4
2 秋田 五能線……12
3 青森 弘前……20
4 東京 深大寺……28
5 東京 八丈島……36
6 宮城 白石……43
7 宮城 鳴子温泉……52
8 京都……60
9 フィンランド……66
10 スウェーデン……76

11 福井……85
12 京都……94
13 兵庫 宝塚……103
14 鹿児島……110
15 東京スカイツリー……120
16 神奈川 茅ヶ崎・江の島……128
17 ヘルシンキ……136
フィンランドひとり旅 写真帖
18 奈良……178
19 山口 萩……185

1
2010年
4月中旬

石川 金沢

母とは、年に2回ほどふたりで旅行している。

父の定年後は、母も気兼ねがなくなったようで、「旅行でもしようか」とメールをすると、すぐに「行きたいです」と返事がくるようになった。

4月中旬。仕事で東京から関西に行く機会があったので、メールで母を旅行に誘うと「久しぶりに金沢行きたいな」と返事。じゃあ、行こうかと一泊旅行することになった。母は昔、父とふたりで来たことがあるらしく、わたしは3度目の金沢となる。

実家のある大阪はすでに葉桜だったのに、金沢に着くと桜の木にはピンクの花が揺れていた。電車で2時間半ほどの距離でも、駅に降り立つとひんやり感じた。

雨が降っていたので兼六園は翌日ということにして、旅行初日は妙立寺《みょうりゅうじ》を観光することにする。

妙立寺は、通称『忍者寺』という名で、さまざまな「からくり」があることで知られているお寺である。知り合いから面白いよと聞いていたので、いつか見学してみたいと思っていたのである。「要予約」とガイドブックにあったので、電話をすると当日でも大丈夫だった。

金沢駅からバスで20分ほどだろうか。妙立寺は町中にひょっこりとあった。観光客10人ほどが1グループとなり、係の人の説明を聞きつつ、お寺の中を見学する。

忍者、出てくるのかな？

期待していたけれど、いたってマジメなお寺だった。パンフレットには「服装を整えてお入りください」という拝観の心得も。妙立寺は、そもそも加賀三代藩主・前田利常公が建立し、監視所の役割もあったそうで、「からくり」は、すべてお殿さまを守るためだったのだ。落とし穴に落ちた敵を攻撃する部屋なども見学できて、皆で「へ～」と感心し合う。

お寺を出た後、

「忍者が出て来て、クルッと壁に消えたりするのかと思ってた」

と、母に言うと、「わたしも」と母もうなずいていた。

忍者寺を後にして、近江町市場へ。『金沢市民の台所』と言われているだけあって、アーケードの中にはいろんな商店がずらりと並んでいる。おしゃべりしつつ、お魚屋さんなどぶらぶらと見てまわる。

わたしたち親子は顔がとても似ているので、いかにも「親子〜」という感じである。母と並んで歩いていると、いつも自分の未来の横顔を見ているような気持ちになるのだった。


そうこうしている間に日は暮れ、お腹《なか》も減ってきたので晩ご飯にする。

母もわたしも、魚介類はあまり食べないのだけれど、せっかく魚のおいしい金沢に来たのだからと、ガイドブックに載っていた、駅近くの回転寿司屋さんに入った。

ブリの太巻き寿司が金沢名物らしいので一皿取ったら、思いのほかブリの身が大きくて、途中からちょっと無理して食べた。ブリ好きの人におすすめの、ボリュームある一品である。

「やっぱり新鮮でおいしいね〜」

などと、母もお寿司を食べてはいたけれど、母が選んだ皿には、蒸し穴子とか、納豆巻きとか、あとツナっぽいものもあったような……。

でも、まあ、金沢でお寿司を食べた、という思い出がいいのである。それに、カニやボタン海老のお寿司なども食べたし、白海老のかきあげも、サクサクしていてとってもおいしかった。お腹いっぱい食べて、ふたりで4000円だった。

「豪勢なご飯じゃなくて、こういう感じでいいの」

お店を出た後、母は言った。

気軽に旅に出られるようになり、一度の旅行にたくさんのお金を使うより、安い旅をちょくちょくするほうが楽しくなってきたのだろう。今回も、ひとり6000円ほどで泊まれるビジネスホテルを予約したら「充分、充分」と喜んでいた。きれいだったし、なんと大浴場は温泉だった。ちなみに、旅のお金はわたし持ちである。

わたしは、こうやって自分のお金で親を旅行に誘うことで、もうひとつの人生を見ているのだ、と感じる。

わたしは、おそらく子供を持たない人生である。

子供を持たないということは、遠い未来、子供とふたりで旅行することもないわけである。でも、子供と旅行をする親の気持ちを、今の母を見れば想像できるのだった。

親って、こんなふうに喜ぶんだなぁ。

わたしを旅行に連れていってくれる子供はいないけれど、母と旅をすることによって、「親」の疑似体験を楽しめている。きっと、わたしが自分の子供と旅行をしたとしても、この人と似た感じで嬉しそうにする気がする。別の人生を想像するのも、なかなか味わい深いものである。


翌日は雨もあがって快晴。

兼六園の桜は美しかった。兼六園は3度目だったのだけれど、桜の季節は初めて。

海外からの観光客も大勢いて、桜の写真をバシャバシャと撮っているのを見ると、妙に自慢げな気持ちになった。

ひがし茶屋街や武家屋敷跡などなど。金沢市内の名所は、周遊バスで効率良く観光できるようになっている。1日バスフリー券を買えば、すぐにもとがとれた。

武家屋敷跡を観光しているとき、母が突然、

「ここ知ってる！」

と、ハイテンションになった。

なんでも、金沢を舞台にした演歌があるらしく、カラオケのミュージックビデオに、ここの街並みが出てくるのだそう。

「ここ、ここ、ちょうどここやわ！」

カラオケが趣味の母が大喜びしていたので、写真をたくさん撮ってあげた。

「楽しい旅だったねぇ、しかも安あがりだったし」

母とふたり、帰りの列車の中で笑い合う。

母は近所の人に配るお土産をたっぷり買い込んで、満足そうだった。なのに、ふいに真面目な顔で、

「もう、金沢に来ることもないかもしれんなぁ」

ポツリと言うものだから、思わず泣きそうになってしまう。

母も今年で68歳である。そういうセリフを口にするようになってきた。そんなとき、わたしは自分が、まだまだほんの小さな子供のように思えてしまう。いつか、母と別れる日がくることが信じられないのだ。

「金沢は大阪から近いし、またいつでも来られるで」

わたしが言うと、「そやなぁ」と母は笑った。

旅費（ひとりぶん）

京都～金沢	
JR サンダーバード　往復	13420 円
宿泊（一泊）朝食付けて	6700 円
妙立寺	800 円
1日バスフリー券（2日ぶん）	1000 円
兼六園	300 円
兼六園で煎茶	300 円
ひがし茶屋　見学	400 円
食費	
金沢回転寿司	約 2000 円
駅弁その他おみやげなど	5000 円
合計	29920 円

2

2010年
5月初旬

秋田 五能線

五能線に乗った、という話題をちらほらと耳にするようになった。五能線とは、秋田県・東能代《ひがしのしろ》駅と、青森県・川部《かわべ》駅を結ぶローカル線で、途中、日本海に沿って走る車窓が絶景と言われているのだそう。乗ったという知り合いは、みんな「良かったよ〜」と言うものだから、気になっていたのである。

それで、わたしも乗ってみたくなり、ゴールデンウィークの２週間ほど前に列車のチケットを買いに行ったら、意外に買えた。旅行代理店の人に「なかなか取れないのでラッキーですよ」と言われ嬉しくなる。

旅行会社に行く途中、「秋田・大館フリーきっぷ」というものがあることを駅のポスターで知り、これを利用すればお得なのではないか？　と思い、チケットを買うときに聞いてみたところ、指定席料金を追加すると、このきっぷで五能線も乗ることが可能と言われる。東京〜秋田の往復新幹線が付いて、指定のエリア内なら特急や急行の自由席も利用でき、しかもゴールデンウィークでも大丈夫なのだそう。

インターネットで検索するより、直接、旅行代理店に行くのがわたしの性格にはあっている。自分で調べるのが面倒というのもあるし、プロと話していると、なるほど、そういう旅もできるなぁ〜とひらめくことも多いのだった。


さて、五能線の旅。ゴールデンウィークのまっただ中である。

まずは東京から秋田まで新幹線で行き、初日は秋田市内を観光。一泊し、翌日、秋田発、午前11時過ぎの観光列車「リゾートしらかみ」に乗車する。弘前まで約5時間の五能線の旅である。

「リゾートしらかみ」には、ふたり掛けの席と、4人掛けのボックス席があり、今回、予約が取れたのはボックス席。うちの彼とのふたり旅だし、2人掛けの席が気楽で良かったのだけど、後になってみれば、ボックス席はなかなか面白いということに気づくのである。

秋田駅から相席になったのは、60代の女性だった。これから娘さん夫婦に会いに八郎潟に行くのだそう。

「八郎潟はどういうところなんですか？」

わたしが聞くと、

「初めてだからよく知らないんです」

話し方から、おそらく東京近郊の人だと思う。しばらくすると八郎潟駅に到着し、お土産をいっぱい抱えて女性は降りて行った。日本海の絶景ポイントはまだまだ先だけど、あの人が見たいのは娘さんの顔なのである。

八郎潟駅から、今度は若いカップルが向いの席に座った。おとなしそうなカップルは、1本のペットボトルのお茶を仲良くふたりで飲んでいた。わたしは潔癖性とかではないけれど、ペットボトルのお茶の飲みっこはできないな〜と思って見ていた。でも、でも、片想いの段階とかならできる。むしろ、「ひと口ちょうだい！」という感じ。

この子たちは付き合ってどれくらいなんだろう？

ふたりを観察しつつ、窓の外の景色もゆるゆると眺める。

しばらくして、列車は能代《のしろ》駅に到着する。能代はバスケットボールが盛んだそうで、ホームでバスケットボールのシュート体験ができるとのこと。見るとホームの隅にバスケットゴールが設置してあり、駅員さんたちがボールを持って「リゾートしらかみ」を待っていた！

「せっかくだし、シュートやろうよ！」

恥ずかしがる彼を引っ張ってホームに降りると、わたしたちが一番乗り。

「チャレンジしていいですか？」

駅員さんに声をかけると、「どうぞ、どうぞ」とボールを渡される。

近い距離だったけど、わたしのシュートは枠に当たって入らなかった。

「早く、早く、あなたもやりなよ」

嫌がる彼にボールを渡すわたしは、もはやオバチャンそのもの……。うちの彼もゴールを外していた。停車時間は5分しかないのだけれど、わたしたちの後にもたくさんの人がチャレンジしていた。シュートが入ると粗品がもらえるので、入るまで何度も並んでやっているオジさんがいた。それでやっと入って粗品をもらっていたので、近くに来たとき「すごいですね！　カッコよかったです！」と言ってあげた。粗品は「ふりかけ」っぽいもののように見えた。なんだったんだろう？

再び列車は走り出す。

岩館駅を過ぎ、トンネルを抜けると美しい海岸沿いの撮影ポイントが現れる。車内アナウンスが流れ、列車のスピードを落としてくれるというサービスぶりである。日本海からごつごつした岩が顔を出していて、凜々《りり》しい景色だ。みんなカメラでパシャパシャと撮影していた。向いのカップルは大きなカメラを持っていて、いろいろ構図を考えつつ撮っていた。

わたしはといえば、ここが絶景！　と言われると焦ってあたふたしてしまった。あたふたしている間に、列車は再び速度を上げ、あとでデジカメの写真を確認したら、たいしていい写真も撮れていなかった。それなら、静かに景色を見ておけば良かった気もするが、あの雰囲気で静かにしているのも浮きそうである。車内はかなり盛上がっていた。

列車が十二湖駅に到着すると、わりとたくさんの人が降りた。真っ青な湖があることで有名だそうで、向いの席のカップルも、わたしたちにペコリと頭を下げて降りていった。そして、今度は中年の男性ふたりが乗ってきた。列車は常に満席である。新しい相席仲間に軽く会釈し、旅はつづく。

千畳敷駅で列車は10分ほど停車した。海岸に広い広い岩場があり、列車を降りての散策タイムが設けられているのだ。

パンフレットによると、昔、津軽のお殿さまがこの岩場に千枚の畳を敷いて宴を催したことから、千畳敷という名前がついたのだとか。

乗客たちが、ぞろぞろと下車し、岩場で背伸びをしたり、深呼吸したり。海風が強く髪がボサボサになってしまったけれど、気持ちが良かった。列車に乗り遅れたら大変だと緊張しつつの休憩である。ふたり組の若い女の子に写真を頼まれ撮ってあげた。

観光列車「リゾートしらかみ」は、こんなふうに列車に乗ること自体を楽しめるようになっていて、海岸の景色が終わって車窓が平野になってからも、津軽三味線の生演奏サービスがあったりして和気あいあいという感じ。

5時間の乗車の間に、向いの席の人たちがどんどん入れ代わっていくのも楽しかった。十二湖駅から乗車してきた中年の男性は、ひとりだけ座席が家族と離れてしまったようで、ときどき6~7歳の娘さんがお父さんのところに遊びにやってきた。大きな瞳の、とてもきれいな子だった。彼女は、きっとこれから先、わたしが経験したことのないモテる人生を歩んでいくに違いない。

「きれいなお嬢さんですね」

と言うと、お父さんはニコニコと笑い、普段から言われ慣れているという感じだった。それくらいきれいな子だった。お父さんは針でついたらプシューッと飛んでいきそうなくらいぷっくらと太っていた。ボックス席は広々しているので、太っていても平気である。

あの人は、今頃、娘さんと楽しくしているのかな。目の前の親子を見て、ふと、八郎潟駅で降りた女性のことを思い出す。

そして、弘前駅に到着したのが午後4時前。

駅のホームには、折り返し秋田に戻る「リゾートしらかみ」に乗車する客であふれていた。夕方に出発の便は、海に沈む夕日がたいそう美しいのだそうだ。

電車から降りるとき、相席同士、なんとなく「おつかれさまでした」と言い合って笑顔で別れた。子供にはできぬ、大人らしい、いい挨拶だなと思った。

旅費（ひとりぶん）

秋田・大館フリーきっぷ	28100円
リゾートしらかみ指定券	510円
その他交通費	約1000円
宿泊　秋田市（知人宅）	
平野政吉美術館（秋田市内）	610円
食費	
お弁当	1500円
干しりんご	350円
こんぶチップス	368円
パンプキンタルト	152円
クロワッサンラスク	189円
その他	約2000円
合計	34779円

3
2010年
5月初旬

青森　弘前

桜もまた来年だね〜。

4月に東京でお花見をしたときに、そう言って友達と別れたのに、1ヵ月後、思いがけず桜見物をすることになった。ゴールデンウィークに訪れた青森県、弘前市。桜は満開だった。

実をいうと、桜が見られるなんて全然、知らないで行ったのである。

もともと、目的は秋田・青森間の海岸沿いを通る五能線の旅。弘前はふら〜っと観光するくらいのつもりでいたのだ。

しかし、駅の観光案内所に立ち寄れば、ちょうど弘前公園で「さくらまつり」が行なわれているとのこと。

彼と

まつりと聞けばウキウキしてきて、早速、弘前駅からバスに乗るが、道路が混雑してなかなか弘前公園に到着しない。気持ちが前倒しになってきて、もう途中で降りて歩いていくことにする。歩けないほどの距離ではないのである。

春のさわやかな夕暮れ時。弘前公園に向う人波に流されるまま、ゆっくりと歩いていく。

途中、行列になっているお店を発見。「こがね焼き」と書いてある。作業をしているお店の人がガラス越しに見えた。東京では今川焼きや大判焼き、わたしの故郷・大阪では回転焼きと呼んでいるおやつに似ている。

並んでるってことは、おいしいんじゃない？

わたしもうちの彼も、こういうときは並んでみたいタイプである。

よし、せっかくだし買ってみよう。行列の最後尾につくと、10分ほどで買うことができた。1個、50円。ふたつ買って、熱々を食べながら公園に向う。こがね焼きの中身は白あんだった。

弘前公園に到着。公園の周囲も、公園の中も、圧倒されるくらいの桜、桜、桜。こんなにわっさわっさと桜を見たのは生まれてはじめてのような気がする。大きな桜が多くて、ぼわっと膨らんだ気球のように立派である。写真を撮っても豪華さが収まりきらず、もどかしい気持ちになる。

ああ、なんて美しいんだろう！

と感動しながらも、心はおいしそうな匂いのほうへ……。公園内には、たくさん屋台が並んでいるのだ。

さて、何を食べようか？

ぶらぶら見て歩いていると、行列の屋台に出会う。串に刺した大きな大きなコンニャクのお店である。しかも、そのコンニャク、真っ黒なのだ。そんじょそこらの黒ではなく、もう本当に真っ黒。真っ黒の大きな四角いコンニャクを地元の女子高生たちが、キャッキャとはしゃいで立ち食いしていた。

「それ、何味ですか？」

女子高生たちに聞いてみる。聞かなくても、おそらく「おでん」みたいな味付けなんじゃないかという想像はついたんだけど、でも、わたしは女子高生たちに聞きたかった。彼女たちが喜ぶんじゃないかなぁと思ったから。

どこかから旅行で来ている人（わたし）に、「それ、何味ですか？」って興味津々に聞かれたとする。もし、わたしが地元の女子高生なら、ちょっぴり自慢げな気持ちになると思う。わたしたちの故郷のおまつりには、こんな屋台があるんだよ！　って。彼女たちに、そんなふうに思って欲しかった。どうしてかと聞かれてもうまく答えられないのだけれど、若い人たちが嬉しそうなのを見るのはいいものだから。「それ、何味ですか？」とわたしが聞くと、彼女たちは「たぶん、しょうゆ？」と恥ずかしそうに笑っていた。並んで買って食べてみたら、色が黒いわりには意外に薄味で、ほどよいしょうゆ味だった。

真っ黒コンニャクを食べ終え歩いていると、またまた行列のお店。「嶽《だけ》きみ天ぷら」と書いてある。

嶽きみ……ってなに？

見た目は縦に切ったさつまいもを揚げてあるみたい。並んでいる年配の女性ふたりに聞くと、とうもろこしのことだった。とうもろこしの実をバラバラにしないで、芯も一緒にざくざくとカットして、スティック状のまま天ぷらにしてあるのだ。

「これ、おいしいのよ〜、とうもろこしの天ぷら、知らない？」

女性たちに言われ、

「はい、はじめて見ました！　東京では見たことないです」

と言うと、さっきの女子高生たち以上に盛上がってくれた。食べてみたら、甘くて、サクサクしてとってもおいしかった。「きみ」というのはとうもろこしのことで、「嶽」は産地のことみたい。

その後、ソース焼そばをラーメンのつゆに入れて食べる「黒石そば」も並んで食べた。かなり変わっていたけれど、ちょっとクセになる味である。

人と旅をしていると、並べる人か並べない人か、というのは結構、大事だなぁと思う。もちろん、どちらが良くてどちらが悪いということもないわけで、ただ、そういうところが似ている同士だと、旅もうまくいく気がする。

お化け屋敷もあった。おどろおどろしい絵の看板があがっていて、入り口でオジサンが「はい、お化け、お化け、怖いよ怖いよ〜」とマイクで連呼している。

いかにもB級感なのが楽しそうで、600円払って入ることにする。よく見ると、マイクでしゃべっていたのはオジサンではなく、オバサンだった。声がつぶれてがらがらになっていたからわからなかった。働き者の声である。

お化け屋敷の中は真っ暗で、迷路のようになっている。風が吹いたり、音が鳴ったりしてびっくりするが、メインはやはり、お化けの格好をした生身の人間である。迷路の途中でひょいっと出て来て、それが結構、怖いのである。「キャーッ」とわたしが叫ぶと、お化けはすごすごと消えていく。そして、またしばらくするとひょっこり現れて、わたしが「キャーッ」。

お化け係って、ひとりしかいないのでは？

と思ったのは、お化けの人の靴が同じだったから。同じお化けに何度も驚かされて悲鳴をあげる、というのを5〜6回繰りかえしていると出口が見えた。

いつの間にか日は落ちて、オレンジ色の屋台の明かりが幻想的ですらある。その上を覆うように桜の花が咲いているのだった。

その夜は弘前から電車で30分ほどの五所川原《ごしよがわら》駅にあるビジネスホテルに宿泊。翌日は五所川原駅から単線に乗り、太宰治の故郷、金木《かなぎ》を観光後、秋田県経由で東京へともどった。うちについたのは深夜だったけど、電車でぐっすり眠ったせいか、そんなには疲れていなかった。わたしは子供の頃から、ものすご〜く寝つきが良く、大人になってもそれは変わらぬままである。わたしの一番の長所のような気がする。

思いがけず桜のプレゼントをもらった弘前の旅。

またいつか、桜の季節に屋台に並んでおいしいものを食べたいなぁと思ったのだった。

旅費（ひとりぶん）

五所川原ビジネスホテル（朝食付き）
約 6000 円
（弘前のホテルの予約が取れず五所川原のホテルを予約）
津軽五所川原～金木　往復　1060 円
弘前～秋田（奥羽本線）　指定席
2010 円（フリーきっぷ利用）
秋田～東京　（前出　フリーきっぷ）
弘前市内バス　100 円

弘前公園（有料区域）入園券　300 円
お化け屋敷　600 円
立佞武多の館（五所川原）　600 円
斜陽館（津軽三味線会館共通券）
900 円

食費
黒石そば　500 円
嶽きみ天ぷら　400 円
こがね焼き　50 円
黒いコンニャク　100 円
ナポリタン　1000 円
ぺったら餅（金木）　100 円
石炭クッキー　200 円
赤いりんごジュース　250 円
たまご弁当　350 円
その他　3000 円

合計　17520 円

4
2010年
7月下旬

東京 深大寺

朝の連続テレビ小説『ゲゲゲの女房』の舞台になった、東京、調布市にある深大寺《じんだいじ》。7月の連休にでも行ってみたいなぁと思っていたところ、ちょうどほおずき市をやっていることがわかり、友達5人を誘って出かけてみることにする。

新宿駅で待ち合わせし、京王本線の快速で17分。つつじヶ丘駅で下車し、そこからバスに乗って15分ほどで到着。遠いイメージがあったのだけれど、新宿から30分ほどで行けるなんて意外だった。

深大寺のバス停の目の前に観光案内所があるので、まずは、そちらで地図をもらう。ざっと見たところ、結構、広いようである。

参道に入ってすぐのところに、『鬼太郎茶屋』というお店があった。1階は鬼太郎

グッズの土産物屋や、甘味所で、2階は『ゲゲゲの鬼太郎』の作者・水木しげるさんの展示コーナー。日本全国の妖怪分布図や、ふすまの穴をのぞくと妖怪がいるしかけなど、100円で見られるのはお得である。ちなみに、水木しげるさんは調布市民なのである。『鬼太郎茶屋』に、ちょうど鬼太郎（の着ぐるみの人）がいたので、みんなで写真を撮る。真夏日だったので、気ぐるみはかなり暑そうだった。

時刻はお昼どき。

深大寺名物のお蕎麦を食べよう！

ということになり、のろのろと歩き始める。40代、男女6人連れ。気心の知れた友人であり、全員がプロのイラストレーターでもある。みんなよそ見ばかりしているので、目的地に行くまでに、いつも、とても、時間がかかる。

「ほら、川がある。ここホタルも出るって書いてるよ」

ひとりが立ち止まると、みんな立ち止まる。しばらく川の前でアメンボを数えたり、水に手をつけてみたり。

足下を1匹のミミズが歩いていたので、それも全員でながめる。

ミミズってピンクだねぇ、急いでどこ行くんだろうねぇ、そっち行くと踏まれるよ、あっ、進路変えた、ヤバイ、蟻の集団に見つかる！

飽きるまで観察し、また歩き出す。

しばらく行くと、土産物屋の店先に、ものすごく汚れた猫のぬいぐるみが飾られているのを発見。あまりに汚いので、「すごい汚いねぇ」などと、またまたみんなで観察。なぜか写真まで撮っている者もいる。

こんなだから、いつまでたっても目的地のお蕎麦屋さんに辿り着けない。まるで、寄り道ばかりしている小学生の集団のようだけど、小学生の集団と違うのは、「早く来なさいっ」って先生に叱られないことである。

深大寺には、とにかく、もう、びっくりするくらいたくさんのお蕎麦屋さんがある。あちこちに「お蕎麦」の旗がなびいている。なんでも、江戸時代、深大寺あたりはお米が穫れなかったので、お寺ではお米の代わりに蕎麦を打って来客をもてなしたのだそう。それが深大寺蕎麦の由来なんだとか。

一応、来る前にインターネットでおすすめの店を検索しておいたので、その中から選んで入った。

お蕎麦屋さんのお座敷席でほっこりしつつ、

「なんか、どこか遠くに旅行に来たみたいだねぇ」

「そうだねぇ、そんな気になってくるねぇ」

新宿からほんの４００円の旅でも、深大寺には、観光地らしい楽しげな雰囲気が漂っている。テレビの影響もあってか、観光客も大勢いて、お蕎麦屋さんはどこも混んでいた。わたしは十割蕎麦を注文したのだけれど、ツルツルしていて、すごくおいしかった。

さて、次は何食べようか？

なんて言い合っていると、ひとりが、

「ね、まだ本堂に行ってないよ」

ああ、そうだった、そうだったと、本堂へ。

その後、のんびりと境内を散策し、「手作り市」というフリーマーケットが行なわれている広場に立ち寄る。

テントの下で手作り紙提灯を体験できるコーナーがあったので、みんなでひとつ作ることにする。

それぞれ、クレヨンで好きな絵を紙に描く。友達が絵を描いている姿は、無防備で、頼りなげで、それがプロの絵描きであっても小さな子供のよう。絵が描き上がると、用意されていたノリやホッチキスを使って、ソフトボールくらいの紙提灯が完成。

願いごとを書いてつり下げる場所が用意されていたので、

「なんか書こうよ、なににする？」

間髪いれず、サマージャンボ！　という声があがり、『サマージャンボ（6人）』と書いてつるす。みな、急に現実的な大人の顔になっていた。

食べ物屋さんの出店がずらりと並んでいたので、好きな物を買ってきて池のほとりのベンチに座って食べる。ふかふかの蕎麦パンにあんこがサンドしてあるおやつとか、蕎麦饅頭とか、蕎麦粉クレープとか。おいしい、おいしい、とあれこれおかわり。うすうす気づいてはいたけれど、誰も「ほおずき市」には関心がないようで、写真を撮った後は、特に話題にものぼらなかった……。

ふらっと入った焼き物屋さんの奥に、お皿の絵付けコーナーを発見。記念にみんなで絵付けをすることに。

おしゃべりしながら、各自、お皿やカップに絵を描きはじめたら、あっというまに1時間。

「休みの日でも、結局、わたしたち、絵、描いてるね」

みんなで笑い合う。

イラストレーター同士で仲良く遊んでいたりすると、たまに不思議がる人もいる。

「だって、ライバルでしょう?」

うーん、でもそれはちょっと違う。大きくいえばライバルなのかもしれないけれど、みんな違う絵だし、同じものを自分には描けないということもわかっていて、いいなぁ、すごいなぁ、と思ったら、わたしは友達の絵を買うことだってある。自分の部屋に飾ってあるのは、人の絵ばかりだ。

好きな絵が一貫している、というのは、実はプロとしてはいいことではない気がする。自分とはまったく違う絵だけど素晴らしいと思える。そういう心って大切だし、それは、どんな仕事についても同じことのように思える。

なんてことは、もっと絵が上手な人が言ってこそ輝くんでしょうね……。

お皿の絵付けを終えると、外はもう夕暮れ。陶器は1週間後に焼き上がるので、自宅に送ってもらうことにする。

そろそろ行きますか。

バス停でバスを待っているとき、友達っていいなぁとしみじみ思う。もっともっと歳をとっても、こんなふうに、そろって小さな旅を楽しめる人生だといいなぁ。

帰りはバスで吉祥寺に寄り、井の頭公園の近くの焼き鳥屋さんで晩ご飯。店内のブレーカーが何度も落ち、そのたびに真っ暗になって大笑い。「青春」って、過ぎたあとでもどこか近くにいて、たま～に顔を出すものなのかもしれない。そんなことを思ったのだった。

旅費

電車・バス	1000円
鬼太郎茶屋入場料	100円
食費	
十割蕎麦	950円
その他（かき氷、蕎麦粉クレープ、蕎麦パンサンド、蕎麦饅頭など）	約1500円
焼き鳥	1400円
陶器絵付け体験	約2000円
合計	6950円

5

2010年
7月末

東京 八丈島

八丈島の山の中に、夜になると光るきのこがあるらしい。それは、美しく、幻想的な光景らしい。

という噂を耳にして、ものすごく見てみたくなる。

でも、八丈島ってどこにあるんだろう？

調べてみれば、なんと東京の島だった。よし、行ってみよう。

八丈島までは、羽田空港から飛行機で40分ほど。『ひょっこりひょうたん島』というテレビの人形劇のモデルにもなったといわれるひょうたん形の島である。

全国的な猛暑がつづいている中、八丈島空港に降り立ってみれば、都内にいるほど暑くない。

「ここは、山と海に囲まれてますからねぇ」

宿泊先に向うタクシーの運転手さんが言っていた。

今回は、旅行会社の安いプランに申し込んだので、宿は旅行会社のおまかせである。到着したところは、味わいのある、昔ながらの民宿だった。

玄関で「こんにちは！」と、明るく朗らかに挨拶する。明るく朗らかでいることは防衛になる。よくわからない場所に自分がいるときは、他人に親切にしてもらえるよう行動するのが一番である。

何度か「こんにちは！」をくり返していると、中から「はいはい」とおばあさんが出てきた。居間に通され、お茶を出される。どうやら、民宿は、おばあさんひとりで切り盛りしているよう。

しばらくおばあさんと世間話をしつつ、差し向かいでお菓子などいただく。テーブルの上にはお茶のセットとか、テレビのリモコンとか、書類とか、パンとか、バナナなどいろんなものが載っていて、田舎のおばあちゃん家にやってきたような懐かしさである。

「あなた、ちょっと宿帳書いて。後ろにあるでしょ、ほら、そこそこ」

「これですか？」

「違う、ほら、その下、そうそう、それに書いて」

おばあさんは、どかっと座ってわたしに指示を出す。てきぱきと従った。

宿帳を書いた後は、もうすることがない。民宿周辺には民家があるだけ。「光るきのこ」を見に行くのは夜なので、とりあえず植物園で飼育している「きょん」という珍しい鹿を見に行くことにする。植物園までおばあさんが車で送ってくれた。やさしい人だった。

植物園はかなり広いようだけれど、暑い中うろうろするのもなんだし、「きょん」を見た後はクーラーのきいた部屋で展示物をながめて時間をつぶす。

夏の八丈島は、マリンスポーツをする人にはもってこいだ。海水浴、サーフィン、スキューバダイビングなどなど。しかし、わたしはどれにも興味がない。メインは「光るきのこ」である。できれば、海の見えるきれいなホテルで、本を読んだり、ケーキを食べたりしてゆっくりしていたい。だけど、宿泊先はおばあさんの民宿……。

植物園からタクシーで宿に戻り、6時になると晩ご飯。たぶん、そうなるんだろうなあと思っていたとおり、おばあさんと向い合わせでふたりきり。

島のお寿司とか、新鮮なお刺身とか、いろいろ用意してくれていたけれど、わたしは魚を普段からそんなに食べない。どうしよう。魚の煮つけはおばあさんの手料理みたいだったので、

「よしっ、これだけは全部食べよう！」

がんばって食べる。お刺身は途中で限界がきて、おばあさんが蚊取り線香を探しに行っている間に、おばあさんのお皿にさっと移した。バレなかった。

そうこうしている間に、イベント会社の人が車で迎えに来てくれたので、夜の森へ出かけて行く。そういうツアーにあらかじめネットで申し込んでいたのだ。

「光るきのこ」って、いったいどんな感じだろう？

夜空の星が地面に散らばっているかのように、森の中に輝いているのだろうか？

ワクワクしていたのだけれど、森に行ってみれば「光るきのこ」はなかった。よくよく聞けば、梅雨のシーズンが一番の見ごろなのだとか。行ったのは7月末。しっか

り確認しておけば良かった……。

わたしの他にも若者の参加者が3人いて、この人たちも「光るきのこ」を楽しみにしていた様子。それなのに、ホタルが2〜3匹飛んでいるのを見て、

「感動〜！」

などと、強引に盛上がっていた。ポジティブだなぁ。

木の幹に、ぽつんと1個だけ「光るきのこ」がある場所に案内されたとき、その不自然さに「ん？」と思わなくもなかったが、もう半ばヤケクソ気味に、わたしも「感動〜！」と喜ぶ。まぁ、いいかと思う。

民宿に帰ってお風呂に入り、夜はおばあさんとふたりで軽くおしゃべり。昔のアルバムなどを見せてくれた。お孫さんたちもかわいらしい。歳をとったとき、わたしはなんの写真を人に見せればいいのだろう？

ここにもう一泊することになっていたのだけれど、

「友達が八丈島に来ているので、明日は友達のいるホテルに泊まります」

おばあさんに嘘をついて、こっそり別のホテルを予約した。安いから民宿にした旅

だったけれど、わたしには、気を使わない「ホテル」のほうが向いているのだ、ということをひしひしと感じた。

「それじゃあ、あなた、損しちゃうわよ」

パック旅行で二泊分のお金を払っていることをおばあさんがとても心配してくれて、少し後ろめたかった。本当にありがとうございます。どうか、お元気でいてください。

翌日、リゾートホテルに宿を移した後は、部屋にこもってのんびりする。夏休みなので、家族連れと若いカップルばかりだったけれど、部屋から出ないし気にならない。

夕食はホテルのイタリアン。

夜は、懲りずに植物園主催の無料の「光るきのこ」ツアーに参加してみた。「光るきのこ」を園内で育てているという情報を現地で入手したのだ。園内と言っても暗い林の中で、植物園の若いスタッフが丁寧に案内してくれた。多くの観光客が参加していて、しめじ1株ぶんくらいの「光るきのこ」は見学できた。懐中電灯で見ると、ただの白いきのこ（ヤコウタケ）なのに、暗闇の中では黄緑色に発光している。まるで電池が入っているみたい。大きい「光るきのこ」が5個あれば、字だって読めるのだそう！

すごいなぁ、いろんな生き物がいるんだなあ。

わたしは、「いろんな生き物がいるんだなぁ」と思う瞬間が、なぜかとても好きなのだった。なんだろう、それは、安心する気持ちに似ている。いろいろいていいんだ、という安心感かも？　珍しい鹿「きょん」もいた。そんな八丈島、夏の旅だった。

旅費

民宿二泊三日・飛行機付き	41600円
二泊目ホテル（変更して追加）	12600円
夜の森ツアー	3000円
食費	
植物園でアイスクリーム	200円
ランチ	1500円
おいもケーキ	120円
その他	500円
最終日タクシー観光（2時間）	9000円
現地交通費	2600円
自分土産　黄八丈財布	2000円
島とうがらし粉	525円
あしたば茶	525円
あしたば蕎麦	840円
合計	75010円

6
2010年
10月中旬

宮城 白石

思いがけず10万円の旅行券が手元に届いた。プレゼントに当選したわけではない。わたしのイラスト原稿を紛失したというある編集部から、そのお詫びで届けられたのである。

紛失したといっても掲載された後だったし、本当にもういいです、気にしないでください！　と何度も言ったのだけれど、しばらくして、突然、旅行券である。

世の中には、イラストを返却する気がさらさらない編集部もあるし、わたしのイラストを勝手に「読者プレゼント」にしていた編集部もある（おいおい）。だから、もう謝っていただいただけでも、充分だったのである。

しかし、まぁ、受け取っちゃったんだから、使っちゃうことにしよう。

10月の3連休といえば、旅行代金が跳ね上がるベストシーズン。割高でもったいないからそういう時期はたいてい避けるのだけれど、わたしの手元には10万円の旅行券がある。よし、秋の東北旅行だ！

というわけで、東北のガイドブックをいくつかパラパラとめくっていたところ、「白《しろ》石《いし》温麺」という文字が飛び込んできた。「温麺」と書いて「うーめん」。写真を見たらおいしそう。食べてみたいなぁ〜と思って場所を見れば、近くには遠刈田《とおがった》温泉という温泉地があったので、一泊目は宮城県の白石と遠刈田温泉に決めた。

でもって二泊目は、前々から気になっていた、同じく宮城県の鳴子《なるこ》温泉に行くことに。二泊三日の秋の旅、決定である。

さて、当日。東京駅から東北新幹線Ｍａｘやまびこに乗車し、2時間で白石蔵王《しろいしざおう》駅に到着。ちょうどお昼どきで、さっそく「白石温麺」を食べに行く。

レンタル自転車でのんびりと観光したかったのだけれど、あいにくの雨。駅からタクシーに乗り、ガイドブックに載っていた温麺のお店に向った。

「おすすめの温麺のお店ってありますか？」
なんとなく、運転手さんに聞いたところ、『佐藤清治製麺』というところがやって
いるお店が評判だと教えてくれたので、急遽、そちらへ向ってもらう。
創業120年以上というそのお店は、町中にひょっこりあった。地元の人に聞かな
いとわからないような目立たない店構えだけれど、入るとお客で満席。
奥に離れがあると言われ案内された。趣《おもむき》のある、庭付きの日本家屋だった。
「意外に広いんだね」
一緒に行ったうちの彼とびっくりする。
メニューはシンプル。けんちん温麺と、冷たいごまだれ温麺と、あとひとつは忘れ
てしまった。評判がいいと言われたけんちん温麺を注文する。
待つこと十数分。熱々の温麺がやってきた。甘めの味噌仕立て。ごま油で炒めたご
ぼう、人参、山菜の他、小さなお餅がふたつ。すり下ろした生姜がたっぷりとのって
いた。
麺はそーめんよりちょっと太いくらい。味や歯ごたえは、うどんとそーめんの中間

みたいで「初体験」ということもないのだけれど、見た目が違う。短いのである。長さ9センチ！　箸で麺をひきあげると、するするするっとちょうど一口分。途中で噛み切ったりする必要がないので、とっても食べやすいのだった。

なるほど、これが白石温麺というものか。かわいらしい食べ物だなぁ。売っている姿も、短くてとってもかわいい。長い爪楊枝が束になっているみたいな感じ。

「やっぱり、地元の人にお店を聞いて良かったね」

などと彼と話していたのだけれど、あとでガイドブックをよく見れば、そのお店も結構大きく紹介されていた……。

いや、でも、満足満足。「どんなものなのかな？」って想像したものを実際に食べられるのは大人ならではである。

白石温麺を満喫した後は、白石城を観光する。3階建ての小さなお城。てっぺんから街並みを見下ろせば、巨大なビルもなくほっとする。

昔の武家屋敷も見学できるみたいなので、雨の中、てくてくと歩いて見に行く。料金所には大人200円と書いてあるのに、係の人がいない。トイレにでも行ってるのかなぁ。しばらく待ってても帰ってこないので、取りあえず先に見学する。

武家屋敷には土間があり、奥に部屋がいくつか。庭もある。旅先でこういう武家屋敷をたくさん見てきて、結局、どれがどこのだったのかはすっかり忘れているので、たぶん、ここも忘れるんだろうなぁと思いつつ写真など撮る。

外に出ると、料金所におじさんが戻ってきていた。少し離れているし、ちょうど接客中だったから、さっさと行っちゃえばバレない。でも、おじさんのところに行って、

「先に見て来たので、お金払います」

と言うと、

「わざわざ、まぁ！　ありがとうございます」

おじさんは驚いていた。

こんなときのわたしは、どういう気持ちで動いているのだろう？

誰も見ていないのに、ちゃんとお金を払ったこと。その額、200円。倫理ってなんなのだろう。わたしはわたしの中の基準について歩きながら考えた。

街で1000円札を拾ったら、おそらくネコババする気が……。けれど、1000

円札が入った財布を拾えばそのまま警察に届けるだろうし、10万円拾っても届けるだろう。そして今回は200円を踏み倒さなかった。このごちゃごちゃした自分の中の基準。

ああ、そうだ。これって、わたし自身が人を信じる基準と同じなのかも。

街で1000円を落としたら、もう手元には返ってこないと諦める。でも、財布だったら、きっと届けてくれる人がいるに違いないって、警察に行くと思う。そういうことなのではないかな。たった200円でも、良心で動く人がいるって信じたい気持ちがあるから、わたしはきちんとお金を払いに行ったに違いない！　などとあれこれ考えつつ歩いていたのだけれど、結局、さっきの200円は「料金所のおじさんに気づかれて叱られるの怖い」と思っただけだったかも？　とも思った。

武家屋敷から白石駅まで歩いて戻り、そこからバスで40分。遠刈田温泉に到着する。宿泊先までは歩くと30〜40分かかると駅の観光案内所のお姉さんが教えてくれた。でも、なんとなく歩こう！　ということになって、彼とふたりで地図を片手に歩き始める。しかし、途中で雨足が強くなりすぐに後悔。しかも、くたくたになって辿り着いた大きなホテルはものすごく地味で、まるで古ぼけた小学校のよう……。一泊2万円くらいしたので、ちょっとガッカリしつつ入ると、中は別世界だった。

広いラウンジには座り心地のよさそうな木の椅子がたくさん置かれていて、中央には薪ストーブ。館内を歩くお客は浴衣姿ではなく、色とりどりの上下スウェットに、温かそうなフリースのガウンを羽織っている。

あれ？　なかなかいい感じではないか。

今回ここを選んだのは、朝には木々を見ながらの自由参加のヨガ教室、森に囲まれた宿でゆったりと過ごせると旅のパンフレットに書いてあったのが気になったからなのである。ホテルの名は『ゆと森倶楽部』。

チェックイン後、早速、温泉に入ろうということになり、ホテルから歩いて3分ほどの離れにある露天風呂へ。雨も降っているし、わたしは内湯のほうが良かったのだけれど、露天風呂好きのうちの彼がかなり入りたそうだったので付き合う。こんな雨の中、誰もいないだろうなぁと思って女湯の扉を開ければ、5人くらい入っていた。森の渓流のそばの露天風呂。雨に打たれながら入っていると、自然との一体感が味わえて意外に良かった。一応、雨用に頭にのせる藁《わら》で編んだ笠が置いてあったけど、あんなの被って入る人っているのかなぁ、いたら笑っちゃうよなぁ、と思っていたら、後で聞けばうちの彼は笠を被って入って楽しかったとのこと。

館内には休憩する場所がいっぱいあって、みな思い思いにのんびりしていた。温泉というと部屋でゆっくりするってイメージだけど、ここは部屋にいるよりも、広いラウンジで新聞を読んだり、ぼーっとしたりするほうがいい。

早朝の30分のヨガ教室は、予約なしの自由参加型。早起きして行ってみると、山の中のガラスばりの部屋に20人ほどの参加者が。ナチュラルな感じの女性がいっぱいで、ヨガに慣れているのか、みな体が柔らかかった。わたしはカチコチ。

夜はオカリナのコンサートなんかもあり、童謡「七つの子」などをみんなで合唱したりして、平和だなぁと思う。宿泊者の年齢層は、見たところかなり高めだった。

こういう温泉宿、もっと増えてもいいと思った。ごくごく一般的な温泉ホテルを内装だけ改造して、心地いい森のホテルにして成功している。ホテルのまわりにはなんにもないんだけど、ホテルだけで充分楽しめる。朝夕のバイキング料理がおいしい、というのは大切である。料理に群がるお客（わたしも）がイキイキしていた。

「楽しんでいただけておりますか？」

スタッフの人たちが気軽に話しかけてくれて、とっても感じが良かった。

宮城県（10万円旅行券）一泊目はまずまずのスタートである。（つづく）

7

2010年
10月中旬

宮城　鳴子温泉

白石に別れを告げ、2日目は鳴子温泉へ。
ホテルから出ているシャトルバスで仙台まで出て、仙台から新幹線で15分の古川駅で下車。そこからJR陸羽東線に乗り換え約40分。鳴子温泉駅に到着する。
駅を出たとたん、早速「こけし」のお出迎えである。歩道の柵がさりげなく「こけし」だったり、お土産物屋さんをのぞけば、いろんなサイズの「こけし」がずらり。他にも、こけしクッキー、こけしの湯飲み、こけしのえんぴつ……。街には「こけし」が溢れている。なかなか愉快な景色である。
あと、あれはなんていうのでしょうか、観光地などで絵の中に顔だけを入れて記念撮影するやつ。うちの彼は、必ずあれをわたしにやらせたがる。今回も「こけし」の顔の部分がくり抜かれている絵が駅前にあったので、おきまりで一枚撮影。違和感ないよ、と言われてデジカメで確認してみれば、本当だ、わたしって、ちょっと「こけし」に似ている……。

さて、まずは、おやつ。

ガイドブックで写真を見て、絶対に食べたい！　と思っていた鳴子名物「栗だんご」。宿に荷物も置かぬまま、和菓子屋さんへ直行する。駅から歩いて3分ほどの『餅処深瀬』。のぞいてみれば、和菓子だけでなく、おいしそうなケーキもショーケースに並んでいた。でも、もう心は「栗だんご」にまっしぐらだ。

店の隅に小さな喫茶スペースがあるので、

「栗だんご、食べたいんですけど」

お店の女性に言うと、ちょっとお待ちくださいとお茶が出てきた。しばらくして「栗だんご」登場。見た目は、大きめのみたらしだんごみたい。それがお皿に、ぽってりとふたつずつ。わたしたちの後にお店に入ってきたカップルも「栗だんご」を注文していたのだけれど、彼らが興味津々でわたしたちの栗だんごを盗み見しているのを感じ、軽い優越感。

キミたちは、もう見てしまったのだね。フフフ。

人はこの程度のことで優越感を覚えるものなのかと、少し呆れた気持ちにもなる。栗だんごは、お餅の中に栗がまるのまま1粒ごろり入っており、甘さ控えめでおいしかった。

お目当てのおやつを食べ終え、つづいては「こけし」の絵付け体験ができるこけし専門店へ。

職人さんが機械でこけしを作っている前を通り抜け、奥の絵付けコーナーに進む。申し込みをすると、すぐに始められた。

来る途中の電車の中で、どんな絵にする？　などとわたしも彼も絵柄を決めていたので、もう下書きナシ。いきなり筆で描き始める。それぞれでたらめな「こけし」の顔を描いて盛上がる。最後にお店の人がロウでつやを出して磨いてくれたら完成。1個1000円だった。

栗だんごも食べ、「こけし」の絵付けもして、ようやく旅館にチェックイン。

実は、『鳴子ホテル』というところが「こけし」柄の浴衣と聞いていたので、ぜひ泊まってみたかったのだけれど、あいにく満室で、かわりに老舗の旅館を予約したのである。しかし、それもまた良かった。旅館は『滝の湯』という公共温泉のすぐ隣で、浴衣姿の人がブラブラ散策しているのが部屋からもよく見えた。いかにも、温泉に来たなぁ～という良い眺めである。

ゲタが鳴る音を聞きつつ、部屋でお茶を飲んだ後は、旅館内の温泉に入ったり、お隣の公共温泉に入りに行ったり。「こけし」の浴衣じゃないのは残念だったけれど、浴衣で外を出歩くのは肩の力が抜けていいものである。しかも、温泉の浴衣って、きっちり着なくてもいいぐたっとした感じ。ぐたっとなっているのが、どの人にもよく似合っていた。

山間の鳴子の街は決してにぎやかではないのだけれど、足湯があったり、10時ごろまで開いているお土産物屋さんがあったり、のんびりできる雰囲気である。

翌日は、天気も良かったので松島を観光することに。

鳴子温泉から仙台に出て、そこから仙石線に乗り換え、約40分で松島海岸駅に到着する。わたしも彼もそれぞれ松島へは来たことがあったのだけれど、月日がたてば忘れているもの。

三陸牡蠣が有名らしいので、昼食に食べることにする。観光案内所に牡蠣のお店のマップも用意されていて、観光客たちはそれを手に歩いている。入ったお店の牡蠣フライがいまいちでガッカリ。

「ね、ここのほうがおいしそうだったね」

他の店の前を通るたびにふたりで後悔する。

その後、瑞巌寺《ずいがんじ》へ。本堂は修復作業中で見られなかったけれど、そのかわり他の国宝が特別に見られることになっていた。立派だなぁと思って拝見するものの、旅から戻ればもう忘れてしまっている……。

帰りの新幹線まで時間もあるし、さて、どうしようかと歩いていたところ、松島を船で観光できることを知り、乗船場のほうへ行ってみる。

係のおじさんに、

「もうすぐ出ますよ、船で塩竈《しおがま》まで行けば、そこから電車に乗って仙台まで帰れますよ」

と言われ、あれこれ考える間もなく、もう乗船。大型の遊覧船で、ほとんど客がいなかった。

出航すると、売店のお姉さんがアイスクリームを売りに来る。ふたつ買って食べる。つづいて、

「カモメのエサです～いかがですか～」

かっぱえびせんを売りにきた。1袋買う。アイスクリームも、かっぱえびせんも、わたしたち以外誰も買っていなかった。

船の窓からかっぱえびせんをひとつかみ投げると、カモメがドバーッと寄ってきた。空中のかっぱえびせんをくわえるカモメはいなくて、一旦、海に落ちたのを取り合って食べていた。

動物にエサをやるのは、どうしてこんなに面白いのだろう？

「上から目線」で気持ちいいからなのだろうか。さぁ、食べたまえ、みたいな。それとも単純に、食べているところを見るのが面白いから？

窓から見る小さな島の数々。沖からながめるのとはまた違う松島の良さがある。40～50分乗ったのだろうか、１４００円であの景色なら安いと思う。

宮城県、二泊三日の秋の旅。

旅から戻ると、すぐにいつもの毎日である。昨日は宮城県にいたなぁ、と思いつつ、仕事をしたり家事をしたりしていると、不思議な気持ちになる。それはよく子供のころに起こった、あの感覚に似ている。休み時間にトイレに行き、教室の自分の席に戻ってしばらくすると、

「あれ？　わたし今、トイレ行ったけど、行ったときの自分が遠い気がする」

よくそんなふうに感じた。あれはなんだったのだろう？　わからないけど、なんだか似ていると思った。

旅費（ひとりぶん）

交通費		27880 円
現地交通費		約 2500 円
宿泊費	遠刈田温泉	約 20000 円
	鳴子温泉	19635 円
武家屋敷見学料		200 円
松島遊覧船		1400 円
瑞巌寺		700 円
こけし絵付け		1000 円
こけし絵付け（他店）		600 円
コインロッカー		300 円
マッサージ		4200 円
その他		約 2000 円
食費		
けんちん温麺		850 円
ずんだシェイク		220 円
林檎ジュース		300 円
ブルーベリージュース		480 円
栗だんご		350 円
牡蠣フライ		1100 円
その他		約 500 円
その他		約 2000 円
合計		86215 円

8

2011年
1月初旬

京都

お正月は、実家（大阪）の母と京都に行くのが最近の恒例になっている。というとちょっと素敵な感じがするのだけれど、

「運動がてら、京都でも行こか」

という気軽な感じである。

東京に住んでいると、「京都大好き！　何回も旅行してる！　京都に住みたい！」という人がまわりにいっぱいいて、へぇ～と思う。そこまでいい？　とは言えない空気である。学生時代、京都の学校に通っていたのだけれど、夏の蒸し暑さと、冬の底冷えに泣かされたものである。

いつもは河原町あたりをぶらぶらするのだけれど、今年は五重塔《ごじゅうのとう》を見ようと出かけて行った。

ＪＲ京都駅から歩くこと10分。

「はい、到着～」

五重塔がない。

そうだった、五重塔は東寺《とうじ》だった。わたしたちが行ったのは東本願寺で、東寺は京都駅の反対側。間違えて歩いてきてしまった。しかも、東本願寺は修復作業中で、建物はほとんど見えていなかった。２月の中旬に完成するようなので、ひと足早かったみたい……。

でも中には入れたので、足場を組んでいる中をちらっと観光する。母は、故郷・福井の中学校の修学旅行で東本願寺に来たことがあるらしく、

「ここで写真を撮ってもらったんよ」

とても懐かしそうだった。門のところに豆を売ってるおじさんがいた、などと50年以上前のことなのに、彼女の頭の中は一瞬にして中学校の修学旅行にタイムワープ。

こういうとき、人間ってすごいなあと思う。

以前、生物学者の福岡伸一さんのインタビューを新聞で読んで、わたしは「自分」の面白さにときめいた。

人間の体をつくる物質は、たえず入れ替わりつづけているのだそう。皮膚も、心臓も、骨も、すべての細胞は日々新しく生まれ変わっているのだから、実はずーっと変わらない「自分」という存在はいないということになる。わたしが「わたし」と思っているものも、実は新しい物質でできた「新しいわたし」なわけである。なのにわたしは、昔のわたしを忘れずに覚えている。脳の細胞も入れ替わっているのなら、一体なにが昔のわたしを覚えているのだろう？　福岡さんは『私を含むすべての生命は、物質の流れの中の一時的な「淀み」のようなものでしかありません』と語られていた。

中学時代を思い出している母の、中学時代の自分の細胞はどこにも残っていないはずなのに、でも、忘れていないのである。不思議だなぁと思う。

なんてことをチラッと思いつつ、東本願寺を後にする。

さて、次はどこに行こう。

また戻って東寺というのもなんだしと、コンビニで京都のガイドブックを買う。パラパラめくっていたら、地下鉄に乗れば二条城が近いことがわかる。ふたりとも行ったことがなかったので、行こう、行こうと二条城へ。

城というんだから、お城があるのかなぁと思っていたら、何層にもなっているタイプではなかった。平城というらしい。広い日本庭園がとてもきれいで、年末に降った雪が残っており風情があって良かった。

庭園の中に抹茶と和菓子が食べられる建物があり、休憩しようと立ち寄る。庭を眺めながらほっこり。母とはよく国内旅行をするのだけれど、「庭園を見ながらのお抹茶」って、一体、何杯くらい飲んだろう？　なんか、つい、釣られて飲んでしまうのだった。

「きれいやったけど、窓、開いてて寒かったなぁ」

日本庭園を後にする。すると今度は別の休憩所。こちらはドアもぴっしりしまっていて暖かそう。中にたくさんのテーブルと椅子が並んでいた。お土産物売り場もあるので中に入ると、入り口でみたらし団子のお店。その場で焼いて、熱々のを売っている。

「わっ、おいしそう、どうする？　食べる？」

「食べよ、食べよ！」

今さっき、お抹茶と甘〜い和菓子を食べたばかりだけど、みたらし団子は小さいサイズだしネ、などとふたりでペロリ。外国人の観光客もたくさんおり、みたらし団子を食べているファミリーもいた。アメリカの人かな、それともヨーロッパかな。みたらし団子はおいしかっただろうか。みたらし団子の写真を何枚も撮っていたけど、故郷の人々に、この味をどう説明するんだろう。

その後、再び地下鉄に乗り、繁華街、河原町へ。お昼ご飯には温かいお蕎麦を食べた。母は天ぷら蕎麦。わたしはあんかけのきつね蕎麦。あんかけっておいしいなぁ〜と関西に帰ってくるたびに思う。

河原町に来たからには、やっぱり錦市場には寄らないとね。これは、わたしと母のお決まりのコースである。

錦市場は細い路地にある、地元の市場である。お正月だから閉まっている店も多かったけれど、それでもにぎやか。母は毎回、父の好きなお漬け物を買って帰る。今年は大きな奈良漬けを買っていた。気づけばふたりとも、

「ね、これお父さん、好きそう」

などとお土産を選んでいる。なんて心優しいわたしたち。だけど、おでかけには誘わない。だって、お父さん、わがままなんだもーん。

錦市場の豆腐屋さんの店先には揚げ立ての豆乳ドーナツ。おいしそう〜と言った瞬間には、もう買うことに決まっている。10個250円の小さなドーナツを、母とふたりで食べながら歩いた。


今年もいい一年になるといいな。阪急電車に揺られて家路についたのだった。

旅費（ひとりぶん）

交通費	約1000円
現地交通費	約2500円
飲食代（お抹茶、カフェオレ、みたらし団子、お蕎麦、豆乳ドーナツ）	約3000円
ガイドブック	約800円
合計	約7300円

9
2011年
7月

フィンランド

仲良しの女友達と3人。7月の暑い暑い日に成田空港に向った。ヘルシンキまでは、直行便で約10時間。機内食を食べ、映画を観て、ちょっと寝たらもう到着。遠くの国というイメージが強いけれど、フィンランドってそれほどでもないなぁと思った。

今回の旅は、フィンランド・スウェーデン8日間。ヘルシンキ空港には、日本人の男性ガイドさんが待機してくれていたので、案内してもらって空港バスに乗り込んだ。予約しているホテルのチェックインまでお手伝いしてもらう手配になっているのだ。知らない国で誰かが待っていてくれるとホッとした。

空港からヘルシンキ中央駅まではバスで30分ほど。駅から歩いてすぐのホテルに荷物を置くと、早速、観光に繰り出した。滞在中はフリータイムである。

さて、どこに行こう?

日本なら夜の11時過ぎのはずなのに、現地はまだ午後の3時。時差はフィンランドのほうが8時間遅い。おまけに白夜のシーズンときているから長〜い一日である。

まずは、のんびり歩いて『テンペリアウキオ教会』へ。

天然の岩山をくりぬいて作られている教会、とガイドブックに書いてあったとおり、壁が岩のまんまの大きな教会だった。中はドーム状で広々とした明かり取りの窓があり、洞窟みたいな暗いイメージはない。観光客もたくさんいて、みな思い思いにイスに腰掛けていた。

「すごいきれい!! しかも、無料だし」

すぐにお金のことを口にしてしまうわたし……。

教会の前に小さなお土産物屋さんがあり、後で入ろうねと言っていたのに、教会を出ると閉店していた。そうだった、旅では、見たいときが見るとき、買いたいときが買うとき。「後で」は禁物だね、とみなでうなずきあう。

お茶でもしようと、アカデミアという本屋さんの2階にあるカフェまで歩く。フィンランドのデザイナー・アアルトが設計したそのカフェは、映画『かもめ食堂』にも登場するということで、どのガイドブックにもたいてい紹介されている。名前は『カフェ・アアルト』。

今回の旅で、何度も出てくるキーワード。それが『かもめ食堂』である。別にロケ地めぐりをしようと思っていたわけではないのだけれど、結果的には、映画の舞台になった食堂『カフェ・スオミ』でランチを食べたり、ポスターの撮影場所の森に行ったり。帰国して、すぐにDVDで『かもめ食堂』を見直したら、

「あ、ここ行った、ここも行った！」

夜中にひとりで盛上がってしまった。

フィンランド旅行で、ぜひ、食べてみたかったものを、早々に『カフェ・アアルト』で発見した。その名も「カルヤランピーラッカ」。牛乳で煮たお米を入れたパイ、と本には書いてあって、見た目はアワビみたい。でも、パイなのである。いったい、どんな食べ物なんだろう？　牛乳もお米もパイも好きだから、きっと好きな味に違いな

い。
ショーケースを指差して注文し、待つこと10分。「カルヤランピーラッカ」がお皿にのってやってきた。手のひらほどの大きさで、パイの上にはチーズがとろりと溶けている。グラタンのようでもある。フォークで切ってひとくち。お米の粒々がのこっていて、おかゆみたいな口当たり？　チーズの塩気が全体の味付けになっていて、なのに、キッシュでもなくピザでもない。なんとなく知っている、でも初体験のおいしい味だった。食べられてめちゃくちゃ嬉しかった。

夏の間だけオープンする『ムーミンワールド』というテーマパークがあり、行ってみようということになる。ムーミンは、フィンランドの作家、トーベ・ヤンソンの書いた物語である。わたしは、この旅に出るまで、トーベ・ヤンソンは男性の名前なんだと思っていた。トーベ・ヤンソンは女の人だった。みんな、そんなことは百も承知なんだろうか？

ヘルシンキから片道3時間近くかかるので、前日に駅で切符だけ予約しておいて、一晩寝て、朝から出かける。

特急列車で2時間。トゥルク駅に着いたら、そこからさらにバスに乗りつぎ。バス乗り場が複雑で、すごい手間取ってしまった。

バスに揺られて30分。到着したナーンタリはフィランドで一番古い街で、港が近く、たくさんのクルーザーが停泊していて避暑地という雰囲気。

ムーミンワールドは、行ってみてわかったけれど完璧に子供向けで、大人同士で来ている人はほぼいなかった。小さな子供がいる、ファミリーな施設である。着ぐるみのムーミンが舞台で踊っているのを見たり、ムーミンの家に入ったりして、2〜3時間はうろうろした。再びフィンランドに来ることはあっても、ムーミンワールドには、絶対に、来ないだろうと思うと、かえってしつこく見てしまうのだった……。

翌日にはヘルシンキから電車で2時間のタンペレという街にある『ムーミン谷博物館』にも行ってみた。こちらはムーミンの絵の原画がたくさん展示してあり、なかなか面白かった。

「タンペレには、ナシ湖を一望できる展望台があって、すごくきれいだからのぼってみたらいいですよ」

初日にホテルまで案内してくれたガイドさんが言っていたので、みんなで歩いて行ってみる。

ナシ湖にはところどころ島が浮かんでいて、全体が作り物みたいにかわいらしかった。展望台のレストランがおいしいとおすすめされていたので、そこでフレンチのコースを食べる。ひとり7000円くらいだっただろうか。ナシ湖で獲れた白身の魚のムニエルとか、結構おいしかった。

しかしながら、ゆっくり味わっていたら帰りの電車がぎりぎりに。白夜って、もう、本当にずーっと昼間みたいだから、ついつい時間の感覚がなくなってしまう。やばい、終電になっちゃうよ！　最後のデザートなんか、せっかくきれいに盛り付けされているのを、スプーンでガーッと掻《か》き集めて食べてしまった。

タンペレ駅からヘルシンキに向う電車に乗ったのは夜の11時前。やっと夕焼けの時間である。車窓から見た空は、美しすぎて言葉がでなかった。濃いオレンジ色の空と、トルコブルーの鮮やかな空。空の低いところで縞模様になって輝いていた。窓におでこをくっつけてずーっと見ていた。本当に、本当にきれいだった。深夜1時に終点のヘルシンキ駅に到着しても、まだまだ街には人出があり、空は夜っぽいんだけど、でも、うっすら明るいままだった。

さてさて、フィンランドといえば、森と湖の国。

やっぱり森にも行ったほうがいいよね！

ということになり、あらかじめ日本の旅行代理店で森を案内してもらうツアー（1万7000円ほど）に申し込んでおいた。

朝、港近くの集合場所に行くと、日本語ペラペラのフィンランド人の案内役の青年が待機していた。おじぎの仕方まで、もう日本人みたい。日本に何年か留学していたということなので、そのときに、おじぎも覚えたんだろう。

参加者は、他に10人ほど。全員日本人女性で、ぱっと見、40代。我ら中年にも大人気のフィンランドである。

マイクロバスに乗り、ヘルシンキ市内から約1時間。『ヌークシオ国立公園』に到着する。いくつかのハイキングコースがあり、わたしたちは一番短い2時間のコース。道ばたのベリーを食べつつハイキング、みたいなイメージでいたんだけど、その日はあいにくの小雨……。傘がじゃまで、ブルーベリーは3粒ほど食べてそれっきりだった。甘くておいしかった。

『かもめ食堂』の映画ポスターの撮影場所になった小さな湖の前で、グループごとに写真タイム。その後、たき火小屋で火をおこしてもらい、シナモンロールとあったかいコーヒーをいただく。紙皿も紙コップもマリメッコで、なかなかオシャレな演出だった。すべてツアーの料金に含まれている。

森の散策の後、アラビア社というフィンランドの陶器のお店と、『かもめ食堂』のカフェでランチを取って、5時間のツアーは終了。そこまで『かもめ食堂』に思い入れがあったわけではなかったんだけど、森に行くツアーはこれしかなかったので。参加者同士の触れ合いはなく、みな、最後まで友達同士とだけ喋っていた。

日本を離れてまで日本人に気をつかいたくないっ。

そんなかたくなな雰囲気が漂うアラフォーたちなのだった。

六泊八日の内訳は、三泊がフィンランド、フィンランドからスウェーデンに向う大型客船で一泊、残りの二泊がスウェーデンである。

後になってみれば、六泊ともフィンランドでも足りなかったくらい、わたしはフィンランドが楽しかった。港には、毎日、マーケットの市が立ち、果物、野菜、手作りパン、工芸品など、たくさんの屋台が並んでおり、見ているだけでもウキウキする。ヴィンテージのマリメッコの生地で作ったバッグを売っている女の子のお店があり、

「うわっ、かわいい‼」

3人であれこれ選んで買うんだけれど、支払いを終えて他のふたりを待っている間に、また欲しいものを見つけてもう一度買う、みたいなことを3人が繰り返すものだから、なかなか買い物が終わらなかった。お店の女の子、呆れていたかも……。

他にも『郵便博物館』、『キアズマ現代美術館』、マリメッコのショップなど、どれも時間がなくて駆け足だったので、いつかゆっくり来たいなぁ。その、いつか来たい気持ちもまた、お土産のひとつなのかもしれない。と締めくくりたいんだけど、結局、

なんとなーく消化不良で、日本に帰ってから原宿のマリメッコのお店に行って、Tシャツなどあれこれ買ってしまう。フィンランドだと半額以下だったというのに……。

（スウェーデンにつづく）

10
2011年
7月

スウェーデン

7月の北欧はさらりと涼やかな気候で、フィンランドもスウェーデンも、長袖のカーディガンを羽織ってちょうどいいくらい。白夜なので日照時間は長いわけだけれど、じめじめしていないので暑さを感じることもなかった。

さて、心残りなフィンランドに別れを告げ、我ら3人はスウェーデンへと向う。夕方に大型客船に乗り込み、一泊したら翌朝はスウェーデンに到着しているのだ。

ホテルから港まではタクシーで10分ほど。待ち受けていた船の名は『シリア　ライン』。しつこいようだけど、映画『かもめ食堂』の中で、もたいまさこさんが港で電話をするシーンが何度もあり、その背景に停泊している大きな船が『シリア　ライン』だった。映画を見直したときに発見し、「おおおっ」と前のめりになってしまった。

乗船すると、すぐに顔写真を撮影される。この写真は、後で船内に貼り出されて販売される。そんなこと、まったく知らなかったから戸惑ったような笑い顔になっていた。数千の乗客の写真は、見つけやすいようにか、肌の色ごとにざっくり分けられて貼り出されていた。2000〜3000円だっただろうか。買わなかった。

船の中は、まるで大きなショッピングモールみたいに華やかで、レストランやお土産物屋さんがずらりと並んでいた。船の中にいるという気がしないが、一歩、デッキに出れば白夜のバルト海が一面に広がっている。

取りあえずお茶でもしようと、見晴しのいい上の階のバーへ。チョコレートなどつまみながら、コーヒーを飲んで一息。

わたしたち、船まで乗れたね、すごいね！

ツアーなので日本で予約はされていたのだけれど、それでも、こうしてきちんと乗船できたことを互いに褒め合う。

船の部屋は海側で、常設のベッドと収納式の2段ベッドできゅーきゅーだった。旅の間中、ホテルもずっと3人部屋だったのだけれど、それもまた合宿みたいで楽しかった。毎日、たくさん歩いてクタクタになって眠るので、もしかしたら、疲れていびきをかいていたかもしれないけれど、「大丈夫、かいてなかったよ」と、ふたりとも言ってくれていた。

レストランで夕食を終え、カジノがあるので1000円ほどスロットで賭けて負け、深夜のカフェでまったり。3人でちょっとしたゲームをする。

「○○（歌手）といえば？」

誰かがお題を出し、「せーの」でその人の代表作だと思う曲名を一斉に言うのだ。3人がぴったり合うまでは部屋に帰れないことにしよう！　ということになった。

「松田聖子といえば？　せーの、」

「青い珊瑚礁！（ふたり）」「赤いスイトピー！（ひとり）」

30分近くやって、かなり盛上がった。誰の何の曲で一致したのかは忘れたけれど、夜の海を見て、ぞろぞろと部屋にもどりぐっすりと眠った。

午前9時30分。ストックホルムに到着。

日本人ガイドの女性が待機してくれており、ストックホルム市内のホテルまで案内してもらう。車で40分ほどだっただろうか。トラム（路面電車）の乗り方や、観光名所、お勧めのカフェなど、ガイドさんを質問攻めに。スウェーデンの方とご結婚されて、居住歴4年とのことだった。スウェーデン語は発音がすごく難しいとおっしゃっていた。

ストックホルムは、到着した日と、翌日の2日間しか観光日がないので駆け足観光である。

初日に行った『ヴァーサ号博物館』というのが、すごく面白かった。1628年の航海で沈没してしまった大型船、ヴァーサ号。海底から引き上げられ、ほぼ当時の姿のまま展示されているのだ。船体の凝った装飾が美しく、船のまわりが回廊になっていて、ぐるりと観賞できるようになっている。処女航海で沈んでしまったなんて、さぞかし心残りだったことだろう。

フィンランドのヘルシンキもそうだったけれど、ここストックホルムでも、閉店の時間になると、とにかく、ぱったりと店じまいする。日本だと、閉店時間がきても買い物が終わってなかったらしばらくは猶予があるけれど、こちらは、1分の猶予もないくらい。終わりは、終わり。従業員たちは猛スピードで帰宅モードに切り替わり、それは博物館でも、スーパーでも同じ。

最初のうちは、

「こっちは客なんだし、もうちょっと待ってくれてもいいのに……」

なんて思ってしまったんだけど、途中から、そうじゃなくなった。サッと仕事を切り上げ、自分の時間を確保する。そういう生き方もあるんだなぁ。彼らの後片付けの速さに惚れ惚れしてしまった。

あとは、店のレジ係の人と、客との雰囲気も好きだった。

「ハーイ」

はじめに、互いに言葉をかけ合う感じ。気に入って、滞在中はわたしも慣れた感じで「ハーイ」を連発していたのだった。

ストックホルムといえば、ノーベル賞の授賞式が行なわれるところでもある。

市庁舎のレストランで、ノーベル賞受賞者にお祝いのディナーが振る舞われるらしく、そのレストランで同じメニューが食べられるとガイドブックに載っていた。ぜひ、食べよう！　と初日に日本人のガイドさんに頼んで予約をしてもらっていたのだけれど、後でよくよく見たらひとり2万円くらいすることが判明。

「ちょっと高いよねぇ」

「うーん、高いかも」

「やめる？　やめよっか」

3人で相談し、結局キャンセル。帰国してから、やっぱり食べておけばよかったのではないか？　と、後悔する。旅には失敗がつきもの、というけれど、あきらめがつかないものである。一体、どんな料理だったんだろう。市庁舎の中も観光できるのだけれど、あいにく、日曜日がお休みでわたしたちは見られなかった。

ストックホルムの街は色鮮やかで、まるで子供時代に遊んだ積み木の世界だった。古くからの建物も多く残っていて、どこでシャッターを押しても絵になってしまう。

道路が広く、そのわりに信号が変わるのが早いので、横断歩道を日本にいる感覚で渡っていたら、最後はいつも小走り。スウェーデンの人が日本にきたら、ずいぶんゆっくり渡るんだなぁってびっくりするかも。

さて、この国でも、わたし好みのおいしいお菓子を発見。デパ地下のケーキ屋さんのショーウィンドゥで見かけて、

「なんだ、あの形⁉」

思わず立ち止まってしまった。もりもりと盛上がった山形で、スィートポテトなのか、マドレーヌのようなものなのかはわからない。でも、じーっくり観察すると、どうも細かいココナッツの繊維らしきものが。

もしそうなら、わたし、大好きかも！

1個買って食べてみたら、まさしくココナッツ味。表面はしゃりしゃりっとした口あたりで、中はハチミツみたいにしっとり。

なに、これ、どうしよう、めちゃくちゃおいしい！

他のふたりがお土産物屋さんで買い物しているときに、ベンチに座ってもぐもぐ食

べた。メジャーなお菓子のようで、気をつけて見ているとスーパーなどでも売っていた。名前はわからないのだけれど、日本でも売っているお店ってあるのだろうか？　また食べたい……。

もうひとつおいしかったのは、「ヴァニリィヤルタン」というお菓子。やわらかいクッキー生地の中にカスタードクリームが入っていて、見た目もかわいいハート形。博物館のカフェで食べて気に入って、帰りの空港でも1個買って機内で食べた。

最後の夜、買ったお土産をそれぞれのベッドに広げて見せ合いっこした。ムーミンの切手とか、ヘラジカのマグネットとか、キーホルダーとか、ハンカチとか。高い買い物はしていないのだけれど、3人ともベッドの上がいっぱいいっぱい。写真を撮って大笑いする。

六泊八日の北欧旅行。もう少し英語が話せれば……と、つくづく思ったけれど、でも、みんなで力を合わせればなんとかなった。

そして、白夜の不思議。レストランで夕食を食べ終えて表に出ても、まだ真昼のような明るさに、毎回、驚かされてしまった。

「白夜ってどうだった？」
もどってからいろんな人に聞かれたけれど、不思議だった、というのが一番近い感想なのである。

ツアー料金

35万円
（燃料チャージ、船旅、森のツアー17500円を含む）
全朝食付き
フィンエアーで直行便（帰路はストックホルムからヘルシンキまで飛行機でもどり、そこから直行便）
現地係員がホテルまで案内付き

11

2011年
9月下旬

福井

福井県立恐竜博物館の噂はちらほら耳にしていたのである。

大きな大きな恐竜ロボットが、まるで本物みたいに動いているらしい。

恐竜にくわしいわけではないのだけれど、そんなにハイテクな施設なら、ぜひ一度行ってみたいものだ。

というわけで、9月の連休に福井旅行に出かけて行ったのだった。

東京駅から新幹線で名古屋へ。「しらさぎ」に乗り換え、福井駅まで計4時間。昼時に到着するようにしたのには、ある目的があった。

「ソースカツ丼」である。

福井県のご当地グルメの一押しはなんといってもソースカツ丼。ガイドブックの写真を見ると、もう、めちゃくちゃおいしそう！　ヨーロッパ軒総本店というお店が、ソースカツ丼の草分けなのだそうで、駅のロッカーに荷物を預けると、同行の彼とふたりいそいそと向った。

「わっ、並んでる！」

駅から徒歩10分。地味な路地の先に行列が見えてきた。20人近くいただろうか。観光客らしき人も混じって列をなしていた。

「すごい人気だね！」

自然に最後尾につく。わたしもうちの彼も、並んで食べるというのが苦にならない。思えば、わたしの父はとにかく待つことができない男であった（健在）。家族でご飯を食べに出かけ、目当ての店が混《こ》んでいたらたちまち機嫌が悪くなり、「おい、帰るぞ！」なんてことも一度や二度ではない。家を出るときは、いつも上機嫌だった父。家族においしいものをごちそうしたいという優しい気持ちは持っているのである。しかし、自分の短気のせいでたいてい水の泡になっていた。

　さてさて、ソースカツ丼。15分ほど並んで店内に入った。街の定食屋さんといった、アットホームな雰囲気。甘酸っぱいソースの香りが店内に充満しており、さらに食欲が刺激される。メニューには、ソースカツ丼の他にも、ハンバーグやカレーライスなどいろいろあるのだけれど、どの人も食べているのはソースカツ丼。もちろん、わたしたちもソースカツ丼を注文する。細かいパン粉を使った衣で、サクサクッとした軽い食感。お肉もやわらかくておいしかった。並んだ甲斐があったねぇと店を後にする。

上機嫌で駅に戻り、永平寺観光へと向う。えちぜん鉄道で永平寺口駅まで約20分。バスに乗り換えてさらに20分ほどで到着。わたしは2度目の永平寺である。10年近く前のことなので、いまひとつ覚えていなかったのだけれど、知った顔で彼を案内する。

入ってすぐの大広間の天井に230枚もの花鳥図がはめ込まれており、鯉とリスと唐獅子《からじし》の絵を発見できると願いが叶うとガイドブックに書いてあったので探してみる。

ほらあった、ここにもあった！

わたしのほうがサクサクと見つけてしまい、

「ほら、すごいでしょう！」

自慢していたら、

「あれ唐獅子？」

彼に指摘される。よく見るとなんか違う動物だった。首が痛くなるほど天井を見上げてようやく唐獅子を発見。よかった、よかった。願いごとなどすっかり忘れていたことに後になって気づく。

宿は二泊とも「あわら温泉」。ゲタの音が鳴り響く古風な温泉街みたいなのを勝手に想像していたのだけれど、えちぜん鉄道のあわら湯のまち駅を降りると、なんというかイメージしていた温泉街とはほど遠い。まるで静かな住宅街である。しかし、ちょっと歩くと旅館がちらほら現れホッとしたのだった。

安いフリープランで申し込んでいた大きな温泉旅館は、福井出身のアイドルのイベントと重なって、男子率がめちゃくちゃ高かった。

「バブルのころはお客さんを断っていたくらい予約でいっぱいだったんですよ」

淋しそうに言っていた部屋付きの仲居さんも、アイドルファンのツアーバスが東京からどしどし到着すると元気が出ていた。アイドルの力ってすごいなぁと感心する。

翌日は、あわら温泉からバスで気軽に観光できる断崖絶壁の名勝「東尋坊《とうじんぼう》」へ。高い所が苦手な人は、ちょっと大変なところである。海にせり出た高い高い崖には手すりなど一切なくて、どこまで歩いて行くかはその人次第。崖ギリギリのところで写真を撮っている人もいれば、「怖い怖い」と遠くから眺めている人もいる。子供と手をつないでいないない親もいたりして、

突風で吹き飛ばされたりしない!?

ハラハラしながら子供のことばかり見ていた。

東尋坊の周辺にはたくさんのお土産物屋さんが並び、店先で海産物を焼くいい匂いがただよっている。観光バスで乗り付けた団体さんたちがこぞって買い食いをしており、みな解放された顔付になっていた。歩きながらイカ焼きやら、ソフトクリームやらを食べている人の表情は、子供みたいである。せっかくなので東尋坊タワーというのにものぼってみたが、中は閑散としていた。なにを改善すればいいのかわからないが、なにかしたほうがいいんでないか？　という観光施設はおそらく山のようにあるのだろう。タワーから見た海はとても美しかった。

二泊三日の最終日。いよいよメインイベントの福井県立恐竜博物館である。えちぜん鉄道あわら湯のまち駅から約1時間半ほどで勝山駅に到着。そこからさらにバスで15分。山の中に突然、巨大な銀色のドームが見えてくる。

でかい！

パンフレットに４５００平方メートルと書いてはあるが、数字だけではピンとこない。中に足を踏み入れると縦にも長いのである。建物は3階が入り口。地下を見渡せる吹き抜けになっていて、Ｂ１にむかって降りて行く造りになっている。子供だけでなく、大人だってわくわくするような仕掛けである。

「恐竜の世界」「地球の科学」「生命の歴史」。展示は3つのゾーンに分かれており、順を追って真剣に見ていけば、地球のなりたちについて相当くわしくなりそうである。

博物館でも展覧会でも、普段から彼とふたりで出かけて行っても、中に入ったらたいてい別行動である。ときどきばったり会って、

「あそこにヘンな恐竜いたよ」

なんて言って別れる感じ。彼は展示をまんべんなく隅々まで見たいようで、わたし

はすっ飛ばしたり、気に入ったのはじっくり見たり。メモもよくとる。ロボット恐竜はなかなかの迫力で、泣き叫んでいる小さい子供もいた。なんともうらやましい！

わたしも「これ、本物⁉」と、子供時代に泣きながら見てみたかったものだ。

福井県で出土した恐竜の化石の展示も盛り沢山で、実際に化石をクリーニングしている職員の姿をガラス越しに見られるコーナーもある。

途中、館内のレストランで昼食を取り、再び展示を見てと3時間以上滞在しただろうか。大満足の恐竜博物館だった。

帰りの列車は、すっかり夜の中。

福井駅で買った鯖の「へしこ」のおにぎりを頬張りつつ、旅の余韻にひたる。福井の特産品である「へしこ」は、魚を塩と糠でつけ込んだ、いわば醗酵食品。わたしの両親は福井県の出身なので、小さい頃から祖父母や親戚の家でよく食べた。懐かしい味である。

恐竜って、本当にいたんだなぁ。

それを、今でも研究している人たちがいるんだなぁ。

館内にあった展示にこんな一節があった。

「良識のある科学者はその仮説が正しいことを示す証拠ではなく、間違っていることを示す証拠を探す」

何度も何度も検証することによって、証明されていくという世界。

ティラノサウルスの背中には羽毛があった！

最近、そんな説が浮上してきたらしいんだけど、少し前に亡くなった研究者は知らないまんまである。

生涯をかけて研究したことがころりと覆されることだってあるわけで、でもだからって無駄じゃないんだよなぁ。そんなことをぼんやりと考えながら列車に揺られていたのだった。

旅費（ひとりぶん）

交通費・宿泊費	
フリープラン	約 50000 円
（二泊三日朝夕食事付き）	
現地交通費	約 3000 円
恐竜博物館付き 1 日乗車券	1700 円
永平寺	500 円
東尋坊タワー	500 円
ロッカー代	300 円
食費	
ソースカツ丼セット	1050 円
酒まんじゅう	126 円
水まんじゅう　2 個	230 円
三國バーガーセット	800 円
ボルガライス	1200 円
その他	約 1000 円
くるみ羽二重	630 円
へしこおにぎり他	約 400 円
へしこ	800 円
花らっきょう	945 円
恐竜絵葉書	210 円
合計	63391 円

12
2012年
1月初旬

京都

実家で過ごすお正月。だいたいの流れは同じである。元日の朝は、父と母と3人でお雑煮とおせち。お雑煮は白味噌で、具は丸餅と大根と人参。両親は親戚の家に出かけて行き、わたしは敷きっぱなしの布団に戻り、眠ったり本を読んだり。

今年の元日に読んだのは、池井戸潤さんの直木賞受賞作『下町ロケット』。ロケットの部品を開発した町工場の社長さんの物語で、めちゃくちゃ面白かった。夢を追いつづける社長を慕ってついていく社員もいれば、目先のお金のほうが大事だとヤキモキする社員もいる。

わたしがこの会社で働いていたとしたら、たぶん目先のお金に目がくらむタイプの社員なのではないか?

などと冷静に考える。でも、社長に直談判とかはしないで、もんもんとしているのだろう。それで、ロケット事業が軌道にのってきたら、手のひらを返したように「うちの社長は、やっぱりすごい人だ」なんて感動しちゃうタイプなんだろうなぁ。

お正月2日目は、妹家族がやってきてみんなでご飯。たいていお好み焼きである。鉄板に小さいお好み焼きをたくさん作って、キムチを入れたりチーズをのせたりして各自、自由に食べる。「幸せ」というテーマで写真を撮ってきなさい、という宿題が出たら、たぶん、このお好み焼きを囲んでいる風景は合格である。

そして3日目が、母とふたりでおでかけする日となる。

今年はどこに行こう?

去年は京都の東寺に行くつもりが、間違えて東本願寺に行ってしまったので、今年は東寺にしよう。そうしよう、そうしよう。というわけで東寺に決定する。

JR京都駅に着いたら、八条口出口へ。歩いて15分ほどなので、散歩がてら歩くことにする。しばらくすると五重塔が見えてきた。東寺の門の近くに小さな和菓子屋さんがあり、お客さんが結構いたので見に行く。ショーケースに並んでいる「東寺餅」

は小さい大福餅だった。見るからにやわらかそうで、

「おいしそう〜」

「東寺で食べよ！」

甘いもの好きな母とわたしはウキウキ。ふたつ購入する。

五重塔は庭園の中にあるので、８００円を払って中に入る。すぐに茶屋があり、ちょっと休憩してからにしようとコーヒーをふたつ注文する。店の外の飲食コーナーでほっこり。さっき買った東寺餅をこっそり食べる。中はこしあん。やわらかくてとってもおいしかった。

茶屋の前に池があって、大きな鯉がゆうゆうと泳いでいた。近づいていった母は「かわいい！　おいで、おいで」と鯉に話しかけていた。鯉は母に頭をちょんちょんと触られても平気な顔。平和な世界の住人たちである。

右手にふたつの古いお堂が並んで建っており、その中にどかどかと観光客が入っていくのが見えた。わたしたちも中に入る。大小さまざまな仏像が並んでいた。「わぁ、すごい」と思わず声がでるくらい、お堂めいっぱいの仏像である。

お堂を出た後は、五重塔へ。ガイドブックによると日本最大の木造塔で、高さは55メートル。真下から見上げてみれば、もっともっと高く感じる。

扉が開いていて中にも入れ、塔の1階部分だけ見学できた。中央には仏像とお賽銭の箱。壁や柱にいろんな模様が描かれているんだけど、はげてしまってかすかに見える程度。できたばかりの頃は、きっと鮮やかな内装だったに違いない。

前に来たときも五重塔の中って入ったのかなぁ、わたし、すっかり忘れてるなぁと思いつつ見ていたら、後から来た女性が、

「お正月にしか公開されないんだから、しっかり見ておきなさいよ」

子供たちに説明している声が聞こえてきた。ということは、わたしも初めて入ったということである。母にも教えてあげると、「あら！　そうなん？　ラッキーやなぁ」と喜んでいた。

「ここはお墓なので、もともと中に入るためのものじゃないんですよ」

近くにいた係の人が教えてくれた。

仏像もたくさん見られたし、五重塔の中にも入れたし満足、満足。最後に「南大門」

で写真を撮ろうと、入ってきた門とは反対側にある南大門の前で母の写真を撮ってあげる。ふたりでも撮ってもらおうかと、ちょうど歩いてきた女性にお願いする。隣にいた夫らしき人とともに、あれこれ構図を考えてシャッターを押してくれた。交代でわたしも撮ってあげることになり、南大門と五重塔、両方が入るようにパシャリ。お礼を言い合って別れた後、彼女が撮ってくれた写真を確認してみたら、五重塔は写っておらず、南大門も切れ切れだった……。

繁華街、河原町に出ようと、歩いてJR京都駅まで戻り、そこから地下鉄で四条駅へ。阪急電車でいうと烏丸駅周辺で、わたしと母が京都に来たら必ず寄る錦市場のすぐ近くへ出られる。ちょっと豪華なランチにしようと、懐石風の豆乳鍋の店へ。感じもよく、ちょっと量が多かったけどおいしかった。

お腹もいっぱいになり、錦市場でお買い物。安くておしゃれな老眼鏡の専門店ができていて、母もひとつ買っていた。現在42歳のわたしは、まだ小さい字もよく見えている。自分が老眼鏡をかける日がくるなんて信じられない。このままわたしは老眼にならないいんじゃないか。実感が持てず本気でそう思っているんだけど、でも、いずれ老眼鏡を買う日がくるのだろう。

そういえば、40代の友達数人とご飯を食べていたときに、誰かが言ったセリフにみんなでうなずき合ったことがある。

「30代の頃って、このまま自分の外見って変わらないような気がしてた」

「わかる、わかる！」

でも40代に入ると、なんだろう、肉付きとか表情とか、うっすらと全体的に老化しているのがわかるのである。

お正月の錦市場は閉めているお店も多いが、開けているお店はいつも開けている。豆腐屋さんの豆乳ドーナツを買い、毎回、熱々を食べ歩くんだけど、今年はお鍋でお腹がいっぱいで素通り。お漬け物屋さんで奈良漬けは買えたが、楽しみにしていたできたてのだし巻きたまごは売り切れ。お茶でもしてそろそろ帰ろうかと錦市場を後にする。

ここのところ東京でも人気のレトロな喫茶店。京都に住んでいる友達が言っていたけど、海外からの観光客も、ガイドブックを頼りにそういうレトロ調の喫茶店にやってくるのだという。

母は和菓子屋さんのカフェなんかで抹茶パフェを食べたりするのが好きなので、そういう昭和の香りただようクラシックな店じゃないほうがいいだろうなと思いつつも、意外に喜ぶかもしれないと思って、狭い路地にあるレトロ喫茶店に入ってみる。混み合ってがちゃがちゃしていた。案内された荷物置き場みたいな席に母と並んで座り、ココアを注文する。

バイトの子たちをどやしつづけ、不機嫌な顔で働いているお店の人を見ていると、どんどん暗い気持ちになってくる。しかし、暗くお茶をするんじゃお金も時間ももったいないので、

「ほら、あそこの階段もレトロでええなぁ」

などと場を盛上げる。母も合わせて「あら、ほんま」と笑っていたが、まぁ、楽しいわけがないのである。手際が悪くて一番叱られているバイトの男の子だけがニコニコと感じよく、もし、わたしがどこかの店の経営者だったとしたら、あの男の子を引き抜いてここより高い給料を出そう、などと勝手な妄想をする。

そうだ、この前のデニーズの女の子も引き抜こう！　東京の家の近くでチラシを配っていたデニーズのバイトの子。寒空の下、はじけるような笑顔だった。デニーズから出てきたおばあさんが、その女の子に話しかけている声が聞こえてきた。

「あなたにチラシをいただいて入ってみたんだけど、とってもおいしかったわ。前から入ってみたかったのよ、ここのレストラン。また来るわね」

おじぎをしてその人は帰っていった。デニーズの女の子は、またお越しくださいと笑顔で割引きのチラシを渡していた。店の売り上げがどうこうではなく、本当にまた来てください！　っていう感じ。評価してくれる人がいない店外である。あとは、近所のセブン－イレブンの男の子。いつ行ってもてきぱき。あの子も引き抜いてうちの会社に来てもらいたい。わたしの妄想の会社には、引き抜いたステキな社員が勢ぞろいである。

レトロ喫茶店を出て、母とふたり駅へと向う。

「わたしも今年で70歳や」

電車の中で母がおどけて笑った。お正月に5日、お盆に5日、一緒に旅行をしたとしても一年に会う日数は15日ほど。わたしはこの人と、あと何日会えるんだろうかと暮れゆく空を見つめていたのだった。

旅費（ひとりぶん）

交通費	約1000円
東寺餅	130円
東寺	800円
茶屋のコーヒー	400円
ランチ	2500円
ココア	500円
その他　お土産など	1500円
合計	6830円

13

2012年
1月初旬

兵庫 宝塚

手塚治虫さんのマンガの中で、わたしが一番馴染みがある作品は『リボンの騎士』だと思う。夕方のテレビの再放送で見ていた。主人公のサファイアは、本当はお姫さまなのに男の子として生きている女の子。強くて、勇敢で、白馬に乗って華々しい。彼女の華麗な剣さばきに憧れ、定規を剣に見立てて、何度、鏡の前でポーズをとったことか。わたしの妹は9月生まれで、誕生石はサファイアである。サファイア姫と同じだと喜んでいるのを見て、誕生石ガーネットのわたしはうらやましくてたまらなかったのだった……。

宝塚にある『手塚治虫記念館』にはまだ一度も行っていなかったので、お正月、大阪に帰省中、ひとりでふらっと出かけてみることにする。

阪急電車に乗って宝塚駅へ。ひさしぶりの宝塚である。いつぶりだろう？　16～17年ぶりくらいかも。大阪で会社員をしていた頃は、周囲に熱心な宝塚歌劇団のファンの知り合いが結構いたので、たまに誘ってもらって観劇したものだった。もともとなにかにハマる体質ではないので、宝塚にハマるということもなかったけれど、行けば毎回、興奮した。男役のスターは、強くて、勇敢で、華々しい。まるでリボンの騎士、サファイア姫である。

宝塚駅に到着したのは午後の2時前。小腹が空いたので何か食べようと駅のショッピングモールをぶらぶら。

そういえば、わたし、あれが食べたかったんだった！

喫茶店の「たまごサンドイッチ」。

関西のたまごサンドイッチって、卵焼きをサンドしている場合が多くて、わたしはそれが大好きだったのである。卵焼きのサンドイッチは、カフェと呼ばれるようなお店ではなくて、ごくごく普通の喫茶店でのほうが出会える確率が高い。

「普通の喫茶店、普通の喫茶店……」

脳内でつぶやきながら歩いていると、あったのである、普通の喫茶店が。外観は普通の喫茶店だったけど、中に入るとさらに普通の喫茶店だった。客は中年女性の2人組、スポーツ新聞を読む男性、スーツ姿の3人組。そうそうそう！　こういう感じのお店は絶対に卵焼きタイプに決まっている。鼻息荒くたまごサンドイッチとコーヒーを注文する。

しばらくしてたまごサンドイッチが運ばれてきた。それは、わたしが望んでいたものではなかった。つぶしたゆで卵にマヨネーズを和えてあるタイプのたまごサンドイッチだった。無念。

希望とは違ったけど腹ごしらえもできたので、店を出て『手塚治虫記念館』へと向う。「花のみち」という道を辿《たど》っていくと、宝塚大劇場の前に出る。公演があるようでお客さんたちが中に入っていくのが見えた。大劇場を通過し、3分ほどで「火の鳥」の銅像が見えてくる。『手塚治虫記念館』は思ったよりこぢんまりとした建物だった。駅から歩いて10分ほどだっただろうか。

中に入って自動券売機でチケットを購入。受付の女性たちの制服はシックでおしゃれである。

建物は1階、2階、地下と3フロアになっている。まずは1階から見学する。手塚治虫さんの漫画年表が見どころである。小学生時代に描いたマンガの原画などを中心に、中学時代の水彩画、医学生時代の研究ノートなど、貴重な資料を見ることができる。

以前、9歳のピカソが描いた絵のポストカードを見たことがあるんだけど、その絵と同じで、手塚治虫さんの子供時代の絵は、すでに子供の絵ではないのである。そう思うと、天才と呼ばれる絵描きには「子供の絵の時代」というものがないのかもしれない。

昆虫好きの手塚さんが、中学時代に昆虫の標本を模写したという絵は圧巻である。チョウチョも、カナブンみたいな虫も、足の一本、触覚の一本、細部にいたるまで細かく描かれている。もはや図鑑である。それにしても、本当に中学生がこれを描いたんだろうか。集めていた画集を展示しているという意味なのかも？　係の人に尋ねたら、

「手塚先生が描かれたものです」

言われて、ため息がこぼれた。美しすぎる！

そして、わたしはある本のことを思い出した。生物学者・福岡伸一さんの著書『フェルメール　光の王国』である。

オランダの画家、フェルメールに魅せられた福岡さんが、オランダ、アメリカ、フランス、ドイツなど、フェルメールの作品が収められている美術館を巡るというエッセイ集なのだけれど、その中で福岡さんはある仮説をたてておられた。

レーウェンフックは、1632年にオランダの同じ街に生まれたアマチュア科学者で、彼は自作の顕微鏡でミクロの世界を観察しつづけた人なんだけど、観察スケッチが上手に描けず、熟達の画家に代わりに描いてもらったという記述が残っているらしい。福岡さんは、その観察スケッチの中にフェルメールの作品もあるのではないか、という仮説をたてておられるのだ。ふたりは同じ年に同じ街に生まれているのである。

もしかしたら、この観察スケッチはフェルメールではないか？　という昆虫の足の絵も『フェルメール　光の王国』に収録されているんだけど、それは手塚治虫さんが中学時代に描いた昆虫の雰囲気にとても似ていた。

手塚さんの描かれた昆虫は、光の加減というか、やわらかさというか、めちゃくちゃ美しい。虫の絵に「物語」を感じるのである。天才が描けば、虫も物語となる。ということは、光の画家と呼ばれるフェルメールが虫を描けば、正確さだけではなく、美しい物語も宿っているんじゃないか、なんてことを思いつつ展示を眺めていたら、奥のほうでビデオが流れていることに気づく。

赤塚不二夫さん、藤子・F・不二雄さん、小松左京さんなどの著名な方々が、手塚治虫さんとの思い出を語っておられた。みんな喋るのがお上手だった。

『仮面ライダー』の作者、石ノ森章太郎さんが、「手塚先生は、どこかで人間を信頼していない人間嫌いな人だったんじゃないか。光もあれば影もある。手塚先生のそういうところも僕は好きだった」というようなことを語っておられたのが印象的だった。

『手塚治虫記念館』の2階では、その石ノ森章太郎さんの企画展が開催されており、締めきり前に雲隠れしてしまった手塚治虫さんの代わりに、赤塚不二夫さん、藤子・F・不二雄さん、藤子不二雄Ⓐさんらとともに、手塚さんの絵に似せて仕上げた原稿というのも展示されていた。もう、それが本物そっくり！　結局、使われることはなかったそうで、いわば幻の原稿である。

地下のアニメ工房では、自分で描いたアニメをパソコン上で実際に動かしたりして遊べた。なかなか楽しかった。またいつか来よう。

外に出るとパラパラと雪が降っていた。計画では、このあと電車で元町に出て、中華街（南京町）を散策して……と考えていたんだけど、寒いのでこちらもまたいつかと家路についたのだった。

旅費

交通費	約1000円
サンドイッチセット	980円
手塚治虫記念館	700円
リンゴジュース	180円
ハガキ	300円
合計	3160円

14

2012年
2月下旬

鹿児島

女友達と鹿児島旅行へ。鹿児島には何度か行ったことがあるのだけれど、今回はお仕事のご縁で知り合った地元の青年が車で案内してくださることに。

ツウな旅になりそう！

ふたりで大喜びしていたら、早速、着いた日の夜、

「ぼくは一番おいしいと思います」

と、ガイドブックにも載っていない超・大衆的なラーメン屋さんに案内してくれ、それがめちゃくちゃおいしかった。ちなみに、鹿児島ではラーメンにお漬け物がついてくる。お漬け物を食べながらラーメンを待つって不思議だった。

さて、旅の2日目からが本格的な観光である。わたしも友達も、せっかくだからと

あれやこれやと旅のリクエスト。まずは、鹿児島が初めてという我が友が一番行ってみたいと申し出たのは『千本楠《くす》』だった。

「千本楠……？　ぼくは聞いたことないです」

いきなり、地元の人さえ知らないところをリクエストしてびっくりされる。わたしも初めて耳にした。なにかの雑誌で見て、気になっていたらしい。インターネットで調べたところ、鹿児島市内から車で1時間半ほどの大汝牟遅《おおなむち》神社の境内に巨木の楠があるようである。

「とにかく行ってみましょう」

と青年。ただ、これが大変！　鹿児島市内からどんどん山の中に入っていくと、カーナビにも道が出てこない。画面は真っ白で、まるで車は雲の上を走っているかのよう。迷い迷い進み、やっと神社の鳥居が見えたときは3人で大喜び。軽い達成感である。といっても、わたしと友は、後部座席で好き勝手おしゃべりしているだけだったんだけど……。

境内に入ると、赤いお堂があり、右手に大きな大きな楠。ゆうに樹齢1000年は

ありそう。3人で、立派だねぇ、と感心していたら、神主さんが、

「ここから楠のほうを見てフクロウが見えたら縁起がいいとも言われているんですよ」

と声を掛けてくださる。

フクロウ？　こんな昼間に？　よーく見てみると、高いところにある枝の1ケ所に、フクロウがとまっているみたいに見える木のコブが。

「あれですね！　見えました」

よかった、よかった。お礼を言って帰りかけたところ、境内から歩いてちょっと行ったところに、巨大な楠の群生地があることも教えてくださる。「千本楠」って、この1本の楠のことかな？　と思っていたところだったので、謎がとけて嬉しくなる。

さらには、すごい情報も聞くことができた。

「ほら、アヒルが出てくる生命保険のコマーシャルあるでしょう？　あの撮影は、その千本楠でおこなわれたんですよ」

えええーっ、あれはどこかヨーロッパの森の中だと思っていた。アフラックの舞台がここだったとは。小林聡美さんのパスコというパンのコマーシャルの森もそこだと

知り、わたしたち3人は、いそいそと「千本楠」へ。

行ってみれば、それほど大きな敷地ではなかったのだけれど、立派な楠が空にそびえ、または横に広がり、木々がしっとりとコケをまとって心落ち着く場所だった。

「言われてみれば、ホント、あのコマーシャルの場所だね！」

ちょうどなにか地元のイベントが重なっていたため、千本楠の敷地内のあちこちにギラギラ光る銀色の風船が設置されていて、できればそういう装飾のないときに見てみたい景色だった……とは思ったのだけれど、風船が写り込まないよう工夫してシャッターを押せば、まさにアフラックとパスコの森だった。

昼食は神主さんが教えてくださった中華料理のお店へ。お昼のお店を決めていないという話をしていたら、親切に教えてくださったのである。

10分ほど車を走らせると、山の上にお店が見えてきた。

「ジェットコースターみたい」

びっくりするくらい細くて急な道をあがれば、ちょっと不思議な中華料理屋さん。

入り口の壮大な中国の景色の壁画の前に手作り感あふれる案山子《かかし》が立っていたり、お庭にはアヒルの置き物、ブランコ、その他、いろんなオブジェ。中華とはあんまり関係ないような。

店内は中国っぽいのかな？

足を踏み入れてみれば、暖炉があって、ウッディで、なんとなく山小屋風。かと思えば、ドイツのホットワインのカップがずらっと並べてあったり。好きなものを集めてみました、どうぞ見てください！　というアットホームな雰囲気だった。

「なんか、妙に落ち着くね」

「実家に帰ってきたみたい」

「わかる、わかる」

３人でうなずき合う。ランチは点心のセットを注文したのだけれど、盛り付けもきれいで、おいしくて、おまけに安かった。青年は、また個人的にも来たいと言っていた。

お腹も満たされたので、そこから車で少し行ったところにある「吹上浜《ふきあげはま》」へと向う。吹上浜は日本三大砂丘のひとつで、以前、観光で来て、なんて美しいところなんだろうと感動したことがあったので、わたしの観光リクエストはこの吹上浜。また来られて嬉しかった。

海風に吹かれながら、3人で浜辺をぶらぶら歩く。白い砂と、寄せる波の白がまざり合って、心がとろけていくような清々しい眺め。向い風に両手を広げてみれば、まるで空を飛んでいるような気分になった。

だだっ広い砂浜に立っていると、地球も惑星のひとつなんだなぁ、などと思う。地球上で「宇宙」があるということを知っているのは人間だけなのだから、たまにはそういうことも感じたほうがよいのである。

「千本楠」「吹上浜」を満喫した後は、いったん鹿児島市内にもどり、車で桜島へ渡ることに。

しかし、その前に、わたしにはどうしても食べたいものがあったのだった。

両棒餅と書いて、じゃんぼもち。

鹿児島名物の甘いお餅で、ガイドブックに載っている有名店はどこも不便な場所にあるため、そちらには行ったことがなかったのである。繁華街の甘味屋さんで食べた両棒餅もおいしかったのだけれど、ぜひ、専門店のできたてを一度食べてみたい！

そう思っていたからチャンスである。

「じゃあ、両棒餅を買って、フェリーの中で食べましょう」

青年のアイデアに、わたしも友達もキャッキャッと盛上がる。そして彼が謎なことを言うのである。

「両棒餅はドライブスルーで買えるんですよ。どういう意味かは後のお楽しみです」

お餅屋さんのドライブスルー？

行ってみたら大笑い。両棒餅のお店は海岸通りにあるのだけれど、店の前に店員さんが立っていて、買う気のある人は、お店の人に車から合図をおくるのである。1パック欲しいときは指を「1」にして車で近づいていき、乗車したままササッと買う。本当に、ササッという感じ。1パック500円なので、おつりのないように用意しておくのがベストとのこと。

「まさにドライブスルーだった！」

両棒餅はできたてホカホカで、フェリーに乗り込んだあと、桜島を見ながら席に座って3人で食べた。500円玉ほどの平たいお餅が1個、串に刺してあり、味はみたらし団子。それが12本も入っている。

「やわらかいね〜、何個でもいけそう」

とろりと甘いタレをお餅にからませながら笑顔で完食。ちなみに、両棒餅はドライブスルーだけではなく、店内で座っても食べられる。

15分で桜島へと上陸。展望台のほうまで行こうと車を走らせる。この日も桜島はもくもくと噴火していた。窓ガラスには灰が降ってくる。桜島の人々にとってはこれが日常なんだなぁ。道ばたの木々の葉は灰で白くなっていた。

途中、1914年の大噴火で埋もれてしまったという黒神埋没鳥居《くろかみまいぼつとりい》にも立ち寄る。もともとは3メートルもあった鳥居が、上部を残してほとんど見えなくなっている。

「ものすごい災害だったんだね……」

「鳥居のてっぺんを上から見たのははじめて」

再び車に乗り込み、展望台へ。ぐるりと桜島を一周してから行ったので遠い場所のように思っていたのだけれど、あとで地図をみたら、フェリーの乗車口から直接行けば近いようだった。

湯之平展望所からは鹿児島市内が一望でき、ちょうど夕焼けの時間。

「夕焼けをねらって来てみました」

うーん、なんて気がきく青年なんだろう。

鹿児島の海がきらきらと輝いて見えた。肌寒くはあったのだけれど、東京の2月では考えられないくらいのあたたかさだった。

その夜、わたしと友は、ホテルの部屋でしみじみと語り合った。

「ね、考えてみたらさ、今日、息子くらい歳の離れた人に一日案内してもらってたんだよねぇ」

「こっちは、つい同世代みたいな気持ちで話してたけど」

「おばさん相手に、本当に親切だったねぇ、優しい人だねぇ」

若い女の子ではなくなって淋しい気持ちはあるけれど、若い女の子の窮屈さから解放され、のびのびしはじめている。撮った写真はどれも自分が思っている以上におばさんっぽい。被写体が小さくしか写っていないものでも、そう見える。なんでだろう。ポーズ？　体形？　その両方？　でも、どれも楽しそうだからいいのかなと思ったのだった。

旅費
(メモを紛失してしまいあやふやだけど……)

二泊三日　ホテル飛行機	約 30000 円
現地交通費	約 6000 円
タクシー、空港バス、車でフェリー代など	
かごしま水族館	1500 円
食費	
中華ランチ	約 1500 円
両棒餅	500 円
ラーメン	600 円
おぞうにセット	500 円
白熊（ミニ）	525 円
空港でカレー	1000 円
その他	2000 円
お土産	約 2000 円
合計	約 46125 円

15

2012年
6月初旬

東京スカイツリー

「スカイツリーにのぼってみたいわぁ」

お正月に実家に帰ったときに母が言っていたので、東京に戻るとすぐに旅行代理店で予約をしておいた。ホテル一泊と日付け指定入りのチケットがセットになったプランである。申し込んだときは、まだまだ空きがあったのだけれど、スカイツリーのオープンが近づくにつれてすっかりなくなっていた。

それにしても、親から頼りにされると妙に張り切ってしまうわたしである。日程が近づくにつれて、任務を成功させなければならない！　という気持ちがむくむくと湧いてきて、頼まれもしないのに事前に下見にまで行ってしまった。ソラマチとは一体、どういうものなのか。食事はどこでするのか。お土産はどこで買うのか。コインロッーカーの場所は？　展望台にはどこからあがっていけばよいのか。当日にモタモタしないよう、メモを片手にもはや取材である。半日かけて、だいたいのコースを確認し、一応プラネタリウムもチェックしておこうと入ったら、疲れて眠ってしまっていた……。

いよいよ母の上京である。東京駅まで迎えにいき、まずは虎ノ門にあるサントリーホールでの「ウィーン少年合唱団」のコンサートへ。

って、なんでまたコンサートなのかというと、わたし自身もよくわからなくなっていた。東京に二泊三日もするのだから、スカイツリーだけではなく、もうひとつくらいイベントを入れておこうと考えに考えたあげくの「ウィーン少年合唱団」である。有名だから母も喜ぶのではないかと思ってのことだったのだが、母はまったく知らない合唱団のようだった。でも「面白かった」と喜んでいたので一安心。少年たちが、アンコールで坂本九さんの「上を向いて歩こう」を日本語で歌ってくれたりして目頭が熱くなった。ちなみに、東京駅からサントリーホールまでの道順も、前日に歩いて確認しているわたし。さらには、ランチを食べる場所も選んでおいた。食べてもみた。

それにしても、母の手荷物は重かった。東京駅で「荷物持つよ」とカバンを受け取ったとき、この人は一体なにを持ってきたのだろう？　石？　と思うくらいの重量だった。夜、ホテルの部屋で確認したところ、化粧ポーチがかなり重たく、他に、家で煮たという「山椒」や、京都駅で買ったお土産のお菓子が入っていた。

コンサート後は地下鉄で浅草へ。スカイツリーは翌日の予定なので、浅草を散策した後、早めの夕食『尾張屋《おわりや》』でお蕎麦を食べる。ホテルに戻る前に橋の上からスカイツリーを見ようと吾妻《あずま》橋に行くと、たくさんの人がスカイツリーがライトアップする瞬間を待っているところだった。

「わたしたちも見よう！」

7時10分前だったので、7時に点灯するのかなぁと思って待機していたらつかない。7時15分にゆっくりと紫色の明かりが灯り、

「記念になったわぁ」

橋の上で喜んでいる母を見て、良かったと思った。夜食を買っておかないとお腹が

減るのではないか、と母がやけに心配するので、途中で「どらやき」を買う。宿泊先の浅草ビューホテルからは、スカイツリーがよく見えた。

翌日、ついにスカイツリーである。

東武浅草駅から東京スカイツリー駅までは1駅。月曜日だったけれど、ものすごい人出である。

まずはお土産問題をクリアしておく必要がある。母はお土産を買わないことには落ち着かないのである。スカイツリー公認の大きなお土産物売り場があることは調査済みなので、ひとまずそこに母を連れて行き、

「ほら、こ〜んなにお土産あるよ！　展望台のあとに、ここにゆっくり買いに来よう！」

提案すると安心していた。

展望台へは、団体客用と個人用の乗り場が違う上に、日付け指定入りチケットにも、時間の指定があるものとないものがあり、その乗り場も違っている。係員がたくさんいて案内はしっかりしているのだけれど、初めての人は戸惑うといえば戸惑うだろう。

でも、わたしは大丈夫！　下見に来ているからね！

わたしたちのチケットは時間指定のないもので、すいすい展望台まであがれた。時間指定のチケットの人はちょっと並んでいるみたいだった。

50人くらい乗れそうな大きなエレベーター。途中から、パーッと景色が見えて歓声があがる。

天望デッキ到着。

「すごいね！」

見下ろした東京の街は、コンピューターの部品みたいに細々している。

空は晴れ渡っていた。遠くにぽつんと浮かんだ雲の下の街だけが、影で黒くなっていた。追加料金1000円を払い、天望回廊へ。エレベーターに乗るまでに15分ほど並んだだろうか。到着して、またまた街を見下ろす。地上450メートル。今のところ世界一高い展望台である。ここまでくると、もう飛行機からの景色のようにも思え、「知っている」と思った。ただ、来ている人みんなの「のぼった！」というわくわくした気持ちが充満していて、それが楽しいのだった。

「すごいねぇ、ほんま、すごいわぁ」

喜んでいる母の写真をたくさん撮ってあげた。

地上に降りる前にお茶でもしようと売店へ。お酢を使ったジュースを2種類注文し、スタンド席で景色を楽しみながら飲んだ。

お酢と聞いて、最初、母は酸っぱそうと尻込みしていたのだけれど、

「あら、おいしぃ！　飲んでみる？」

わたしに自分のジュースを差し出した。そのとき、自然に自分のストローをカップから抜いてすすめた母。自分のストローだと、わたしが嫌がると思ったからだろう。

「いいよ、それ飲んだことあるから」

さりげなく断りつつも、わたしはなんだか申し訳ないような気持ちになっていた。わたしは身内の食べさしや、飲みさしには口をつけたくないのである。近すぎて嫌なのだ。実家に帰ったときの食事の場で、わたしのそういう感じが伝わっているのだろう。

近すぎて嫌というけれど、もともとわたしは、この人から母乳をもらっている身で

はないか。そう思うと、自分自身に腹が立っていた。

でも、仕方がない。今のわたしはこうなのだ。母のストローでジュースは飲めないけれど、母をもてなしたい気持ちはかなりのものである。

展望台から降りると、母は大量のお土産をカゴに入れていた。たくさんのお付き合いがある老後がうらやましい……。とても持ち帰れる量ではないので、まとめて宅配便で送っていた。

その夜はわたしの家に泊まり、翌日、母は帰って行った。東京駅の新幹線のホームで母を見送るときは、いつもしゅんとした気持ちになるのだけれど、それも一時のこと。わたしは自分の東京での暮らしが好きだった。

夕方になって、大阪に戻った母からメールが届いた。

「楽しかった日がおわり　いつもの生活に戻って　掃除と洗濯と大忙しです！　ありがとうねぇ　楽しい思い出ができました」

母も、わたしと同じなのだろう。お互いの人生を生きている。

そういえば、お父さんに、なんかお土産買ってたっけ⁇

そうだ、そうだ、新幹線に乗る前に草加煎餅を買っていたんだった。草加煎餅は父の好物だった。

旅費（ひとりぶん）
（メモを取り忘れる）

スカイツリープラン	13000円
天望回廊	1000円
記念写真	1200円
ウィーン少年合唱団	7000円
食費	
ランチ	1000円
お蕎麦	1000円
アンジェリカでケーキとコーヒー	1000円
その他	2000円
合計	27200円

16
2012年
6月下旬

神奈川　茅ヶ崎・江の島

女友達と

どっか旅行でもしたいねぇ。

女友達との会話にはよく出てくるセリフではあるが、天気の話のようなもので、なにも考えずに言っていることのほうが多いわけである。

なので、とんとんとんと話が進むことはほとんどないけれど、たまにとんとんとんとんと進むこともある。『茅ヶ崎館』は、なぜかとんとんとんと日程が決まった。

さて『茅ヶ崎館』である。

友達に教えてもらうまで、まったく知らなかったのだけれど、映画監督・小津安二郎が執筆や打ち合せに使っていた宿なのだそう。

小津映画は2～3本観たことがある。ずいぶん大人になってからで、30歳を超えていた気がする。

最初に観たのは『東京物語』だったと思う。それから『晩春』『お早よう』『秋刀魚の味』、あっ、4本観ている。

なにげない日常がこんな素晴らしい映画になるんだ！

びっくりした気がする。こういう映画をマンガで描いてみたいなぁと図々しくも思ったことだけは覚えている。

わたしはともかく、友達も小津映画に特別くわしいわけではなく、なんかそういう宿があるらしい、そこは文化財にも指定されていて素敵らしい、茅ヶ崎なら東京からも近いしいいかもね～、しかも高くないヨ。そういう感じで旅先として決定したのだった。

せっかくなので、『茅ヶ崎館』に行く前に、鎌倉に寄って観光していこう。

昼前にＪＲ新宿駅で待ち合わせし、湘南新宿ラインに乗り込む。鎌倉までは1時間ほどだけど、旅気分を出そうと950円を追加してグリーン車にする。

「お昼はなにを食べようかねぇ」

「わたし、雑誌の切り抜き持ってきた！」

「あ、わたしも」

がさごそとバッグから取り出すが、ふたりともその資料をほとんど見てきていない。行きの車内で読めばいいやというアバウトさが見え見えである。わたしは「ハナコ」の鎌倉特集を出発間際に引きちぎって持ってきたのだった……。

鎌倉到着後、切り抜きで見つけたフレンチのお店に行ってみたら満席で、たまたま見つけたカフェに入る。お昼の定食は、豆腐ハンバーグ、蒸かしたじゃがいもに味噌がのっているもの、トマトと海藻のサラダ、ご飯、味噌汁で１２００円。ヘルシーでおいしかった。若い女性がひとりできりもりしていて、店内の清潔感からして、めちゃくちゃ清い暮しをしている人なのではないか？　すっきりと清々しく生きているのではないか？

「毎日、ひたむきにお料理を作ってる人って感じがするね」

「あの人、きっともう悩みはないに違いないよ、超越したんだよ」

などと勝手なことを言い合う。

ランチの後、江ノ電に乗って長谷寺《はせでら》に行こうとするものの、駅にいけば大混雑。週末である。この季節、満開の紫陽花を見ようとする人が大勢いることくらいは予想がつくはずだろう……。あきらめて、鎌倉をぶらぶらすることに。鶴岡《つるがおか》八幡宮につづく小道はお祭りのように賑わっていた。食べ物屋さんで試食をしつつ、人波に流されていくわたしたち。でも、力強く立ち止まることもある。

「ね、ここおいしそう！」

甘味屋さんを発見し、みつ豆をペロリ。鶴岡八幡宮に寄った後は、鎌倉駅から茅ヶ崎へと向かった。


茅ヶ崎駅から『茅ヶ崎館』までは歩いて20分ほど。結構な距離だけど、おしゃべりしながらだとあっという間。でも、次はタクシーでもいいかもしれない。

旅館は、えっ？　こんな住宅街に？　というくらい普通の場所にあり、入り口だけ見ていたらこぢんまりした宿なのかなと思うんだけど、建物の中に入ると広い広い庭があった。建物自体も増築をいっぱいしているようで、迷路のように複雑である。

わたしたちが泊まるのは、なんと、小津監督が使っていたという2番のお部屋。予約したときに、小津監督のファンなのだろうと、おそらく宿の方が気を利かせてくれたのである。

「東京に戻ったら、小津映画、全作観ようっと！」

「わたしも！」

来る前に観られなかったふたりが、果たして帰ったあとに観るのだろうか??

10畳ほどのたたみの部屋に、縁側がついている。小さなテレビと鏡台、小さな応接セット。窓辺に置かれたテーブルは、監督が執筆に使われたものなのだろうか？　花瓶には紫陽花が一輪活けられていた。

ひとまずお茶を入れる。というか、友達がさっと入れてくれた。おいしいお茶だった。まったりと庭を眺めつつ、今晩のメニューについて語り合う。なにが食べられるのかなぁ。

そうこうしている間に夕食の時間となり、ふすまで仕切られている大きな部屋に通された。ライトアップされた広々とした庭が見えて、なんともゴージャスである。ビールでも飲もうと、小さいグラスをお願いする。カンパイしつつ、テーブルに置かれているメニューを確認。

「なんか、すごいおいしい気がするね」

「うんうん」

しばらくして「揚げ茄子のもろみ和え」がやってきた。すごくおいしい。しかし、次に出て来た「天豆のすり流し」は、おいしいどころじゃないおいしさだった。天豆とはそら豆のことだそうで、それをつぶしているのか、どうしているのかわからないけれど、冷たいスープ状にしてあった。ほっそりとした茶わん蒸しのような器で出て来た。

「これ、すごいおいしい！」

「ほんと、めちゃくちゃおいしい！」

「このまま永遠に食べつづけていたい！」

「飴にしてなめてたい！」

「わたし、人生最後の食事はこれでいいかもしれない」

「わたしも」

リポーターならすぐに仕事がなくなりそうなくらい実のない誉め方しか浮かんでこなかったのだけれど、本当においしかった。豆本来の味が濃くあるのに、青くさくなくクリーミィ。その後もあれやこれやとおいしいものが出てきて、お腹いっぱいになって部屋に戻る。ちょっと休憩し、お風呂へ行けば、ふたりで入ってちょうどいい広さ。ひのき風呂だった。

海から近いこともあり、釣り客もちらほら。夜は波の音が聞こえてきて、ゆったりと落ち着いた気分に。今後の人生について語るべきなような夜だけれど、夕食で食べた「天豆のすり流し」が話題となる。

「明日の朝食にも出ないかなぁ」

「追加料金払ってもいいから食べたいね」

朝食には出なかったけれど、ひものや鎌倉ハムのサラダなど、朝食は朝食でおいしかった。チェックアウト後は江の島まで足を伸ばし、海を眺めてから東京へ。

「このままずっと電車に乗ってたい気分」

「わたしも」

「また行こうね、近いし」

「うんうん」

新宿に向かう湘南新宿ラインの中で、江の島で買ったプリンを食べつつなごりを惜しむ。


いつでも行ける場所であっても、次回も同じ旅ができるわけではない。気分、気候、体調。それぞれのバランスで旅の温度は決まっていく。同じ旅はもうできない。それをなんとなくわかっているから、いつまでもなごり惜しいのだと思った。

旅費

茅ヶ崎館　2食付き	12500円
交通費	約3000円
江の島岩屋見学	500円
その他	1000円
食費	
ランチ	1200円
みつ豆	500円
しらすかきあげ丼	1200円
その他	1500円
合計	約21400円

17
2012年
10月

ヘルシンキ

仕事でチェコに行った帰りにひとり旅をすることにした。乗り継ぎであるヘルシンキ空港で同行の編集者と別れ、フィンランドに4泊。英語が読めない、話せないわたしにとっては大冒険である。

まずは、ヘルシンキ空港でガイドブックの「出国の流れ」のページを熟読。ここかなぁ〜と思った窓口に並んでみたものの、わたしの番がきたら「違う」と首を振られる。フィンランドのイケメン係員に「ここをまーっすぐ進んで、21というところで階段を降りて」と言われた気がして、てくてく歩いて行ってみたら、スーツケースが流れてきているところだった。なんとか合ってたみたい。

ホッとするものの、わたしのスーツケースがなかなかやってこない。大丈夫かなぁ、

もし最後まで流れてこなかった場合、わたしは誰に何語で説明すればいいのだろう？　もうそうなったときは、スーツケース、あきらめようか、と思っているとわたしのが出てきた。よかった、よかったと引っ張りあげる。まわりにはまだスーツケースを待っている人もいて、みな、ものすごい前のめりになっていた。話す言葉は違えど、その不安な気持ちよくわかるよ！　と共感しつつまたキョロキョロ。空港からヘルシンキ市内に向かうバス乗り場を探す、という任務がわたしには残っているのである。

取りあえず空港の外に出てみた。午後3時過ぎ。晴れ。10月初めのヘルシンキはもう肌寒かった。コートを着込む人々もいる。薄い水色の空があんまりきれいだったから、しばらく眺める。そして、時間の流れを思っていたのだった。

遠く遠く離れた北欧の地にひとりで立っているわたし。大人のわたしである。今、わたしの老いた両親になにかがあったとしても、すぐには帰国できない距離である。ここにいるわたしは、大切な人たちと最後のお別れをすることができないかもしれないんだなぁ。

まるで自分が取り返しのつかないことをしているような気持ちになっていた。

その反面、それはそれでしょうがないとも感じていたのである。わたしが大切に思っている気持ちは、わたしの43年という人生をかけて伝わっているはず。会えても会えなくても、それだけは大丈夫だろう。

小さくうなずいて、歩きはじめた。バス乗り場はすぐに見つかった。世界には共通の言語がある。「絵」である。飛行機とバスの絵がセットになっている「エアポートバス」の看板に向い、スーツケースをゴロゴロ押して進んでいったのであった。

無事にホテルに到着。チェックインを済ませたあと、夕方の街に繰り出した。

まずは、まずは、あそこに行かなければ！

最初に行くところは決めていた。『カフェ・カール・ファッツェル』。老舗のチョコレートメーカーがプロデュースしているカフェである。

以前、女友達とフィンランド旅行したときに、このファッツェル社のチョコを食べてファンになってしまったのである。というか、先にファンになったのは友達のほう

で、今回わたしが、

「フィンランドに行くけど、お土産なにがいい？」

と聞いたら、パッと笑顔になって、

「ファッツェルのチョコレート！　もうそれだけでいい！」

めちゃくちゃ興奮していたのだった。

であるからして、まずはファッツェルである。我が友があんなに興奮するくらいだから、相当おいしいチョコに違いない。もちろんわたしも前回食べてはいたのだけれど、おいしさを忘れかけていたのである。

偶然だけど、地図で見るとホテルの近くに『カフェ・カール・ファッツェル』があり、てくてくと歩いて行ったら3分ほどで到着した。

ビルの一階の大きなフロアで、入ると右手がチョコレートショップ、左手がセルフサービスのカフェスペース。白と黒を基調にしたモダンな内装だけれど、気取ってはいなくて、たくさんの人が買い物をしたり、お茶を楽しんでいた。

とにかく、一旦、お茶しよう。

レジにお客が並んでいたので最後尾につく。ショーケースには、ケーキやサンドイッチが美しく並べられていた。おなかが減っていたので、パンの上に大きなチーズがのったオープンサンドを指差し「ディス」。一緒にホットコーヒーを注文する。お店の女の子は笑顔でとっても感じがいい。しかし、困ったことに、彼女がわたしになにかを英語で聞いてくるのだった。必死にわかる単語を探し、「ホット」と聞こえた気がして、「温める?」って聞いてくれてるのかなと思って「イェス」。見ていると、オープンサンドを温めてくれていた。

注文したものをトレイで受け取り席につく。すごい、すごい、ひとりでできた〜と喜んでいるのを隠して、慣れた素振りでコーヒーを一口。コーヒーにはファッツェルのチョコが1粒ついてきた。思い出した、クリーミィなこの口どけ! サンドイッチもおいしくて、結局このひとり旅で『カフェ・カール・ファッツェル』に何回行ったかわからない。歩き疲れたら、とりあえず『カフェ・カール・ファッツェル』。もはや、わたしの心の支えですらあった。

頼まれていたチョコレートももちろんここで購入。中央にチョコの量り売りコーナーがあって、袋に好きなのを詰めてレジに持っていくシステムである。わたしがあれもこれもとドバドバ袋に詰めて大人買いしている横で、地元の高校生くらいの女の子が厳選しながら10粒ほど袋に入れてレジに行く姿が愛《いと》おしかったのだった。

チョコレートショップ『カフェ・カール・ファッツェル』で軽食をとったあとは、アカデミア書店へ。フィンランドの建築家・アアルトという人の設計で、どのガイドブックにも必ず載っている本屋さんである。以前の旅行でも、「有名らしい」「じゃあ、行こう、行こう」と友達と訪れているのだが、パッと見た感じは、なにがどうすごいのだろう？　と、よくわからないのである。アクロバットなデザインというわけでもないし、素材も知ってる感じ。床はフローリングで、壁は白。天井のガラスの形は三角形で変わってるものの、写真をバシャバシャ撮りたくなるような高揚感もない。

なのに、とても感じがいいのだった。

あっさりしていて、すっきりしてる。開放感があってものすごく気持ちがいい。「この本屋さんにいるわたし」を、売り手も、買い手も楽しんでいる雰囲気になっている。店内に置かれているイスもアアルトのデザインなのだそうで、どこかで見たことがある気がするのは、彼の影響を受けている建築家が世界中にいるということなのだろう。

わたしが建築家だったら、この建物のどういうところを参考にするかな？ 建築家になったつもりで見てみれば、「おっ、この空間いいじゃない？」「ドアの取っ手もおもしろいじゃない？」などと、小さな目線になっていたのだった。

アカデミア書店を出た後は、港のマーケットへ。歩いて10分ほどだろうか。手づくりのオイルサーディンや、パン、チーズ、毛糸の小物などを売っている屋台が並んでいる。観光客もたくさんいて、今にも日が暮れそうなので、みなバタバタとお土産を買っていた。

ホテルに戻る前にデパートに寄り、地下の食品売り場でお買い物。ここにもファッツェル社のチョコレートがずらりと並んでいて、大きな板チョコをお土産用に10枚ほど購入。自分には缶詰のオイルサーディン。どれがおいしいのかはわからないので、陳列棚の中で一番減っていたのを数個カゴに入れた。で、帰国後に食べたらめちゃくちゃおいしかったので、もっと買えば良かった！　と後悔。アルミホイルに薄く切ったフランスパンを並べ、その上からオイルサーディンを油ごと並べて魚グリルでこんがり焼くだけ。イワシが小ぶりで食べやすく、カレー粉をパッとかけてもおいしかった。

ヘルシンキのデパ地下を満喫した後は、ホテルにもどって旅の日課、楽しいお洗濯！　小さな洗面台にお湯を張り、本日の洗濯物をせっせと洗う。下着、ハンカチなどなど。旅行中に洗濯をすると心が落ち着くのはどうしてなんだろう？　旅って非日常だから、ときどき「仕事」を取り入れないと罪悪感にかられてしまうのかも。パンパンと洗濯物を伸ばしてバスルームにつり下げると、わたしの旅の一日が終わるのだった。

ヘルシンキ２日目。

ホテルの宿泊プランには朝食がついていたので、一階のレストランへ。ビュッフェスタイルで、パン、果物、ソーセージ、ヨーグルトなど。大きなホテルではないので、こぢんまり。こだわりの料理があるわけではなく、普通においしいという感じ。朝食内容はだいたいわかったし、明日からは外のカフェとか、いろんなところで食べてみよう！　と思いつつ食べ終えた。

ささて、今日の予定。まずは『スオメンリンナ要塞』観光である。ガイドブックによると、フィンランドがスウェーデンの統治下だったころ、ロシアの侵攻を防ぐためにつくった要塞だそうで、世界遺産にも認定されている島とのこと。マーケット広場近くの港から、船に乗って15分で行くことができるみたい。気軽な観光名所である。といっても、外国でひとりで船に乗る、という難易度の高いことがわたしにできるのだろうか？

でも、まぁ、とりあえず港まで行ってみることとしよう。

ホテルを出て歩いているときに、ふと腕時計を見たら、ぴったり午前10時。むむ、「マリメッコ」の開店時間ではあるまいか。近くなので、ちょっと寄り道。

開店直後でも、もうお客さんが入っていた。地元の人も観光客もいる。日本の観光客同士は、みな、できるだけすれ違わないよう迂回して物色しているのが面白かった。なんとなく気恥ずかしいの、よくわかる。

ショップには隣接してマリメッコのカフェがあり、そこで使用している食器やファブリックもすべてマリメッコ。めちゃくちゃかわいいので、記念にコーヒーでも飲もうと席に着いて周囲を見渡せば、店の客が全員日本人だった。

一息ついた後は、マリメッコでお買い物。寒かったのでボーダーのマフラーを購入。「すぐ使いますから袋に入れなくていいです」って、英語でなんと言うのだろう。

「アイ　ユーズ　ナウ」

と言ってみたら、レジの女性に笑顔で「ＯＫ！」と言われた。伝わったみたい。早速、マリメッコのマフラーを巻いて港へと向かった。

スオメンリンナ要塞行きのフェリー乗り場はすぐにわかった。マーケット広場のすぐ近く。小さな待ち合い室があり、時刻表を見ると、船は1時間に1本くらいしかなく、次の便まで間があるので誰もいなかった。

それにしても、チケット、どうやって買うのだろう？　入り口に乗船券の自動販売機が並んでいるが、複雑でよくわからない。そこへひとりの観光客の日本人らしき女性（なぜか雰囲気でわかる）がやってきたので、声をかける。

「あのぅ、日本人ですよね？」

「はい」

「チケットって、どうやって買うかわかりますか？」

えーっと、と言いながら、女性は自動販売機の画面の英語を解読しくれた。彼女の説明を聞いた結果、今日から観光を開始するわたしは、観光案内所に行って、地下鉄とか、トラム（路面電車）がセットになっている1日乗車券を買うのがお得ということが判明。それで船にも乗れるらしい。

というわけで、女性にお礼を言い、観光案内所に行くことにする。観光案内所で1日乗車券を買うという新たなる試練に立ち向かうわたし。スオメンリンナ要塞への道はまだまだ遠いのだった。

観光案内所で1日乗車券を買うという新たなる試練に立ち向うわたしである。

フェリーの乗り場から、そう離れていない場所に案内所があるのはわかっていた。向っていると、パラリパラリと雨粒。すぐやみそうな気もするし、一日降りそうな気もするし。迷ったけれど、ホテルまで傘を取りに戻る。吐く息は白く、ついさっきマリメッコで買ったマフラーがものすごく役にたっている、ということが嬉しい。買ったものをすぐ使ったり、食べたりするのが好きなのだ。なんでだろう？　無駄使いじゃないのだと思いたいのかも。

取りに戻った傘をさして観光案内所へ。本降りになってきて、雨宿りをしている観光客もちらほら。

さてさて、1日乗車券である。

若い女の子が受付にいたので、「ハロー」と笑いながら近寄っていく。笑顔以上にシンプルな表現はこの世の中にはないだろう。どうか、この後、わたしの言うことが彼女に伝わりますように。

わたしが伝えたいこと。

1　バスやトラムが乗り放題になる1日乗車券が欲しい。

2　これから2日間観光するから、2日間乗り放題のカードがあればそれを欲しい。

「アイ　ウォント」を連発しながら、笑顔で身ぶり手ぶり。受付の女の子が「OK！」みたいな感じで一枚のカードを用意してくれた。値段を聞くと45ユーロ（約4500円）。うーん、ちと高い。それは、たぶん、わたしが欲しいカードではなく、「ヘルシンキカード」48時間分というものに違いない。ヘルシンキカードは、トラムやバス、地下鉄以外にも、観光スポットの施設が無料になったり割引きになったりするスーパーカードなので高額なのだ。

せっかく用意してくれたし、これでもいいかなぁと思うものの、気力を出して「それじゃない」ことを伝える。女の子は、「ごめんなさい、わたし勘違いしちゃったわ！」みたいな笑顔で、新しいカードを出してきてくれた。トラムやバス、地下鉄が2日間乗り放題で10・5ユーロ（約1000円）のデイカードである。スオメンリンナ要塞に行く船に使えるかも確認し、購入。すごいぞ、わたし。

よし、これですべてがそろった。

再びフェリー乗り場に行くと、お客さんがたくさん集まっていた。券売機でチケットの買い方を教えてくれた日本人もいたのでお礼を言う。ひとり旅かと思ったら、年配のご両親と一緒のようだった。

小さなフェリーがやってきたので乗り込んだ。でも、誰もチケットやカードを提示していない。

降りるときに見せるのかな？

後でわかったけれど、見せなくてもいいみたい。チケットの提示を求められたときに持っていなかった場合に限り、高額な請求があるようだった。ちなみに、行きも帰りも検査はなかった。真面目な国民性なんだなぁと思う。

船は世界遺産に向って出航した。ほんの15分の船旅である。

さっきまでの雨はあがっていた。近づいてくるスオメンリンナ要塞は、草と岩に覆われていた。海辺には朽ち果てた大砲。どこかで見た景色に似ている。

なんだったっけ、これは。

上陸し、歩きはじめてわかった。『天空の城ラピュタ』だ。ラピュタの世界だった。行ったことがないのに、行った記憶になっている。この無性に悲しい気持ちは、映画の中で味わったときの感覚である。映画や本や芝居や音楽。なににも触れずに生きていたら、人生はうんと単調に違いないと思った。


ガイドブックによれば、世界遺産スオメンリンナ島には、現在、約８５０人が暮らしているのだそう。３時間もあれば島を歩いて散策できるとも書いてあったが、わたしはというと、１時間くらいぷらぷらして満足。博物館などもあったけれど、そういうのには入らず、遺構を見つつ、風に吹かれて歩いた。

島には小さなスーパーもある。スーパーといえば、このヘルシンキの旅で合計何時間くらいスーパー内をうろうろしていたことになっただろう？　見つけるたびに吸い寄せられるように中に入り、隅々まで見てまわった。

野菜や果物やお菓子や缶詰や石鹼。もし、わたしがフィンランド人だったら、こういう品々を買って生活をしているんだなぁ、と想像するだけでわくわくする。牛乳コーナーで、地元の人々が迷わず「いつも」のをカゴに入れているを見ていると、あの人はどういう理由からあの銘柄を選んだのかなぁと思う。フィンランド語はまったくわからないので、パッケージを見ただけではなにがどう違うのかは不明である。

スオメンリンナ島のスーパーでは、アイスクリームを買った。サイズが小さいので歩きながら食べるにはちょうどいい。ジャイアントコーンの半分くらいの大きさだろうか。大柄なフィンランド人が食べるアイスが、日本のよりも小さいサイズ。不思議である。一日に何個も食べるのかもしれない。食べたのは、老舗チョコレートメーカー・ファッツェル社のものだった。

スオメンリンナ島に別れを告げ、ふたたび船に乗ってヘルシンキの街に戻る。まだお昼を少しまわったばかり。さてさて、なにをしよう。

お腹が減ったので、ランチにスープを飲みにいくことにする。港のそばの『オールドマーケット』に、おいしいスープ屋さんがあるとガイドブックで紹介されていたのを忘れてはいなかった。

オールドマーケットは、赤れんが倉庫のようなレトロな建物である。中には食料品やカフェがあり、観光客でにぎわっていた。

おいしいスープ屋さん、おいしいスープ屋さん……人ごみをかきわけ、キョロキョロ。

あった！

店先にズラリとスープの写真。席につくと、お店の若い女の子が注文を取りにきてくれた。入る前からメニューは決めていた。というか、ひとつしか読めなかったので必然的にそれである。cheese soup。わたしの間違いでなければ「チーズスープ」である。

「チーズスープ　プリーズ」

お店の女の子はニコッと笑顔。合ってたみたい。

しばらくして、ドンブリ鉢みたいなお皿に、チーズスープがなみなみ入って運ばれてきた。牛乳にチーズを溶かしたような感じ。あっさりしていて飲みやすい。うん、おいしい。ペロリと平らげ、お金（700円くらい）を払って店を出ると、隣にも別のスープ屋さん。店名を見ると、ガイドブックにおすすめと書いてあったのはこっちの店だった……。

目指していたスープ屋さんではなかったけれど、「スープ屋さんに行く」という目的は果たせたので、新たな気分で観光を再開する。

よし、次は『ハカニエミ・マーケットホール』に行ってみよう！

ガイドブックによると、地元の人々が利用する大型のマーケットということで、とってもにぎやかそうである。午前中に購入したトラム乗り放題のカードを使えば、ヘルシンキ市内ならどこにだって無料で行けちゃうのだった。

それにしても、このトラム。たくさんの路線があるので、乗り場を探すだけで一苦労。あっちかな、こっちかな。再び雨が降ってきたので、傘をさしながら行ったり来たり。困っていたら、60代くらいの女性に声をかけられた。その人は、トラムを待つ列のずいぶん前のほうから、オロオロしているわたしのためにやって来てくれたのである。ヘルシンキの街では、こういう親切を何度も受けた。

わたしが目的地を告げると、

「あら、そこに行くなら、あっち側よ」

という感じで、女性は向かいの乗り場を指差した。笑顔でお礼を言って別れる。トラムの乗り場もわかり、ハカニエミ・マーケットホールがあるハカニエミ駅へ。マーケットは駅の前なのですぐわかった。

中に入ると一階は食料品売り場。2階にはマリメッコのショップもあったけれど、ここの店員さんたちはピリピリと忙しそうだった。入りにくくて素通り。2階には手芸屋さんがたくさんあるので、毛糸やボタンなどの小物を見て歩く。

色とりどりのフェルトで作ったネックレスを売るお店があり、買おうかなぁと立ち止まったものの、コーディネートする服がないことに気づき止めておく。しかし、その後、かわいい「鍋つかみ」を見つけ、自宅用に4個購入。高いものじゃないだろうと、ろくに値段も見ずに買ったら、意外に4千円くらい払った気がする。アンティークだったのかも。

ていうか、鍋つかみ、4個もいらんやろ‼

ハカニエミ・マーケットホールを後にしながら自分につっこんでいたのだった。


ヘルシンキにはマリメッコのお店がいくつかあるのだけれど、ひとつだけ毛色の違うマリメッコがある。アウトレット商品が買える店舗である。ガイドブックに載っていて、ぜひ行ってみたいと思っていたのだった。

しかし、ひとつ難点が……。

場所がわからないのである。店の電話番号やホームページは載っているものの、英語ができないから電話で聞くわけにもいかず、携帯電話はインターネットが使えない状態。

地下鉄・ヘルットニエミ駅から徒歩10分。

たったこれだけの情報で、果たしてたどり着けるのか？

自問した結果、「たどり着ける」という答えが出た。日本人に大人気のマリメッコである。最寄り駅まで行けば、きっと日本人観光客がいるはず。その人たちにくっついて行けばなんとかなるだろう。

というわけで、地下鉄乗り場へ。観光案内所でもらった路線図を見れば、ハカニエミ駅からヘルットニエミ駅までは4駅。ヘルシンキ初の地下鉄の利用である。お得な乗車券があるから切符を買うという壁にもぶち当たらず、さらっとホームにたどり着いた。

とはいうものの、乗る電車の方向がわからずモタモタ。路線図をにらんでいると、フィンランド人の若い女性が助けてくれた。本当に親切な人々である。無事に地下鉄にも乗れ、目的地、ヘルットニエミ駅に到着。

改札を出ると外は豪雨だった。

うわ〜。

たくさんの人が、小降りになるのを待っていた。わたしはというと、「チャンス！」と、ばかりに日本人の観光客探し。いたいたいた。日本語を話す若い女の子のふたり組。

「すいません、マリメッコのアウトレット行くんですか？」

にこやかに声をかける。

「あ、はいそうです」

「道がわからないんで、一緒に行ってもらっていいですか？」

「あ、いいですよ」

女の子のひとりはヘルシンキ在住で、日本から来たお友達を案内しているとのことだった。雨が小降りになったところで、てくてくと3人で歩き始めた。

こういうときの距離間はとても大切。本当に助かりました！という素直な感謝の気持ちを出しつつも、ふたりの邪魔をしないよう一歩後ろを歩く。ときどきさりげなく会話に参加し、しかし、深入りした質問などはせず、なにか相手にも得になるような情報（たとえば、オーロラを見た話とか）を入れ込みつつ、仲良しでいいですね！と朗らかにうらやましがる。楽しい時間を過ごす努力は重要である。

そして、楽しい時間を大事にしつつも、お店に到着したらふたりとは別行動になるのだから、帰りはわたしひとり。駅まで戻ってくる道を覚えながら歩いた。

アウトレットのマリメッコでは、ボーダーのTシャツと、レトロな花の模様の生地を購入。まぁまぁ安かった。店を出ると、雨はあがって青空だった。虹が出ていないかなぁと空をながめつつ、無事に駅まで戻ることができたのだった。


マリメッコのアウトレットショップのあとは、ヘルシンキ中心部にもどり馴染みの店（ということに、もうなっている）『カフェ・カール・ファッツェル』へ。いつも混み合っているけれど、広いから座れないということがない。

ちょうどおやつどきだったので、ケーキを食べている人がいっぱいいた。女の人も男の人も大きなチョコレートケーキを頬張って幸せそう。わたしは、チーズのオープンサンドとシナモンロールとコーヒー。コーヒーはレジの前にカップがあって、自分で入れるシステム。酸味が少ない好みの味だった。

カフェを出て、一旦、ホテルに荷物を置きに行く。ホテルが繁華街にあるというのは本当に便利。今回泊まった『ソコス・ホテル・ヘルシンキ』は、決して豪華ではないけれどシンプルで感じがいいホテルである。

ホテルにもどったついでに、フロントであることを頼んでみることにする。ガイドブックに、フィンランドの有名建築家・アアルトの自邸（博物館のようになっている）が見学できるとあったのだが、問題なのは、わざわざ行ってお休みの場合である。場所はヘルシンキ市内だけど、ちょっと離れている。トラムに乗らねば行けない距離だ。限られている旅の日程。無駄は避けたいところ。

明日行こうと思っているんだけど、見学できますか？

って、施設に電話で確認すれば済むのだが、わたしの語学力では、到底、無理なので、ホテルのフロントの人に代わりにやってもらおう！　というわけである。

「ハロー！」

フロントの女性に、明るく声をかける。へりくだった態度にならないよう心掛ける。面倒な客と思われるとマイナスである。「ハロー！」の後の英語はまったくダメなのはわかっていても、「ハロー！」は、大きな声で堂々と。

「アイ　ウォントゥ　ゴー　トゥー　アアルトハウス　トゥモロー」

ガイドブックを指さしながら、本題に入っていく。わたしは明日アアルトハウスに行きたいです、と言っているつもり。自分の英語が正しいかどうかより、ここは勢いである。フロントの若い女性が、ガイドブックを覗き込む。すかさず、いつものセリフ。

「アイ　キャンノット　スピーク　イングリッシュ」

だから⁇　という顔で女性がこちらを見る。

「プリーズ　テレフォン　アアルトハウス、トゥモロー、ＯＫ？」

ガイドブックに載っている電話番号を指してみれば、女性は「了解、今聞いてみるわ！」という感じで、すぐにアアルトハウスに電話をかけてくれた。通じるもんだなぁ。結果、明日は開館しており、一時間毎にガイドツアーがある、みたいなことも教えてくれた。笑顔でお礼を言って、再び街へと繰り出した。

まだ午後の4時すぎ。『デザイン博物館』というのがあるみたいなので、トラムに乗って行ってみれば、月曜日でお休みだった……。


ヘルシンキ3日目。

朝食は『カフェ・エクベリ』で食べよう！

と、計画していたので、お腹を空かせて街へ出た。カフェ・エクベリは1852年創業の老舗で、朝食ビュッフェがあるとガイドブックに書いてあったのである。

カフェまでホテルから歩いて20分以上かかっただろうか。途中、通勤通学の人々とすれ違うたびに、異国の地にポツンといる自分が不思議に思えた。

わたし、大人になったんだなぁ。

そう感じるときに、子供の頃の自分の気持ちが、ふぅーっとよみがえってくる。ヘルシンキの路地を歩きながら、わたしは、母におつかいを頼まれ、近所のパン屋さんに行っている幼い自分になっていた。

特別、人見知りする子供だったわけでもない。なのに、おつかいを頼まれると、いつも少し身構えた。大人たちの「しくみ」の中にいる自分に戸惑っていたのだと思う。子供のわたしがお金を払う。そのお金は、わたしのものではなくて親のものである。なのに、自分のもののように大人に手渡して商品を買っている。その行為がとても恥ずかしかった。なにも恥ずかしがることではないだろう、と大人は思うのだろうが、子供には子供なりの理屈があるのだ。

そんな記憶を胸の中でころころさせながら、カフェ・エクベリに到着。外からのぞいてみれば、ファミリーレストランのような雰囲気。ゆったり明るい内装である。たくさんの人が朝食をとっていた。出勤前の地元の人っぽい感じ。

うーん、なんか、気後れするなぁ。

ビュッフェの料理は、パン、スープ、サラダなどなど。遠目からではあるがメニューはだいたいわかったし、ここでいらぬ勇気を振り絞ることもなかろう。そう思い、店内で食べるのはあきらめ、隣に併設されているパン屋さんに入った。ショーケースから好きなパンを選び、歩きながら食べるという魂胆である。

おいしそうなパンが並んでいた。どれがいいかなぁ。こんがり焼けたパイがあり、中身がわからなかったので「What?」と指させば、お店のおばさんが笑顔で「マッシュルーム！」。それを買って表に出た。ひんやりした心地いい空気。パクパクと歩きながら食べる幸せ。わたしは、自由だった。

アアルトハウスが見学できるのは午後からなので、時間は充分ある。そうだ、昨日、オールドマーケットでお目当てのスープ屋さんじゃないスープ屋さんに入っちゃったから、リベンジしに行こう！

慣れてきたトラムに乗って、港の広場へ向かった。オールドマーケットは今日も人でいっぱい。『ソッパ・ケイッティオ』。スープ屋さんの名前をちゃんと確認した後、席につく。10席ほどの小さな小さな店である。

ネギのクリームスープを注文。大きな器にたーっぷり。バジルのソースがかかっていて、見た目もきれい。パンもついてくる。800円ほどだっただろうか。めちゃくちゃおいしくて、「おいしい、おいしい」と日本語でひとりごとを言いながら食べ終えたのだった。

オールドマーケットで念願のスープを満喫したあとは、トラムに乗ってアアルトの自邸へと向かう。ガイドブックには、Laajalahdenaukio駅から徒歩10分と書いてあった。

Laajalahdenaukio駅。

なんと読むのだろう?

心の中で、「ラージャラデナウキオ」と唱えつつ、でも、まぁ、とりあえず、すごく長い名前の駅で降りればいいよね〜。ざっくりした気持ちでいたら、長い名前の駅がいっぱいあって心が休まらなかった。おまけに、トラムは住宅街に入っていき、どんどん殺風景な街並みに。急に緊張してきて、気軽に来てしまったことを後悔する。だってだって、ガイドブックには住所も地図も載ってないのだ。「Laajalahdenaukio駅から徒歩10分」という情報だけが頼りである。Laajalah denaukio駅で下車すると、お菓子や惣菜を売るお店があったので、ガイドブック片手に扉を開くと、お店の女性が、「はいはい、アアルトでしょう?」という感じで、すでに待機の顔になっていた。店外まで出て道順を教えてくれる。お礼を言って笑顔で別れた。「笑顔」という表現方法を持っている我ら人間って素晴らしいなぁ〜なんて思いつつ歩いていたら、アアルトの自邸に到着。

これ?

パッと見、普通の家なので、ガイドブックの写真がなかったら気づかなかったと思う。

ガイドツアーが始まるのは一時間毎。1時、2時、3時、4時、5時の5回で、それ以外の時間には見学ができない、と昨日のホテルのフロントの人が言っていた(と思う)。腕時計を見ると1時45分。2時からのガイドツアーまで15分。取りあえず、表の写真を撮っていたら、リュックサックを背負った日本人らしき若い女性がやってきた。笑顔で声をかけてみる。

「こんにちは、アアルトってここでいいんですよね?」

「はい。さっき、係の人が2時からだから表で待つように言ってました」

あっていたみたい。ちょっと話しただけだけど、建築の仕事をしている人ではないか、と思った。

2時になると、前のガイドツアーの人が出て来た。マリメッコのボーダーワンピースを着た係の若い女性に手招きされ中に入る。料金は1700円ほど。土足厳禁で、靴を脱いで靴下で見学するか、もしくは、靴にビニール製のカバーを付けるか選べるようだった。雨降りの日だったからかもしれない。

ビニールカバーを付けていると、さらに4人のお客が入って来た。うち2人が日本人の母娘。もう1組は中年の夫婦で、顔立ちから日本人かな？と思っていたら、ふたりの会話はすべて英語だった。どこの国の人かは最後までわからなかった。それでも、客の6人中4人が日本人。一瞬、日本にいるような錯覚に。

リビング、キッチン、ダイニング、寝室やバスルーム、アアルトの仕事場。解説付きで案内してくれたのも、マリメッコのワンピースの女性だった。自信に満ちあふれた明るい話し方で、もちろん、すべて英語である。ときどきドッと笑いが起こったり、ほほぅ〜と感心する声があがるけれど、わたしにはてんでわからない。わからないけど、ひとりだけわからない人がいると周囲も気を使うだろうと思い、理解できている振りで、一緒になって笑ったり、ほほぅと言ってみたりしていた。すごい演技力だったのではないかと思う。

30分ほどのツアーの後は、自由に写真を撮ってよい時間が設けられていて、パシャパシャと撮影。木をいっぱい使った内装なんだけど、山小屋みたいな感じではなく、すっきりこざっぱり。「家で過ごす毎日の生活をより美しく」という理念で設計をしているんだとか（byガイドブック）。

わたしが一番好きだったのは、ダイニングとキッチンの間にある食器棚。とっても使いやすそう。小さな戸を開ければ、キッチン側とやりとりできるようになっていたりして楽しい感じ。あまり長居すると英語がわからないことが発覚しそうなので、「サンキュ〜」と早々に退散した。

トラムで繁華街に戻り、カフェ・エクベリで午後のおやつ。朝と違って、店内のテーブル席である。

「アアルトの自邸、めちゃ、よかった〜」

思い出しながら、コーヒーとケーキを味わったのであった。


今度はヨハンナ・グリクセンのお店へと向かう。

ヨハンナ・グリクセンは、幾何学デザインの織物で有名なテキスタイルデザイナーで、作品は知っていたけれど、フィンランドの人とは知らずにいたのだった。

カフェ・エクベリから4本先くらいの路地に店はあった。そーっとドアを開くと、女性が生地の写真撮影をしていた。バッグやクッションなどの商品の他に、ここで生地も買うことができるのだ。

「ハロー」

軽やかに声をかける。彼女が「どうぞご覧になって」みたいなことを笑顔で言い、さらには、「今日は、これを全部、わたしが撮影しなくちゃいけないのよ〜」というようなことも言っていた（と思う）。感じのいい人だった。というより、ヘルシンキで嫌な感じの接客ってほとんどなかったなぁ。愛想がいいというより、もっと内面的な温かさ。そう思っていたら、帰り、空港の係の女性がすっごい嫌な感じでカッカッきたけど、その一度くらいである。ヨハンナ・グリクセンでは、斜めがけするバッグと、小さなトレイを自分土産に。

ヨハンナ・グリクセンの店から2ブロック先にある『デザイン博物館』にも行ってみる。昨日、お休みで入れなかったのでリベンジである。しかし、館内は工事中。2階の展示は見られず、この日は一階の常設展だけ。工業デザインの歴史がわかる博物館で、アアルトの家具とともに、マリメッコの洋服も展示されていた。

日本に帰ってからマリメッコに関する本を読んでいると、ちょっと面白いエピソード。60年代、ケネディ大統領婦人が、大統領選挙のキャンペーン中にマリメッコのドレスを身につけていたというのだ。高級ファッションではなく、フィンランドのコットンドレスを選んだのがイメージアップにつながったとか。マリメッコ自体も、このことで世界中に知られることになったみたい。

デザイン博物館を後にして、散歩しつつ、いろんなショップをのぞいて歩く。雑貨

 ※参考資料『フィンランドのマリメッコ手帖』パイインターナショナル

や洋服。見るだけでもわくわくする。街角で思わずひとりごと。

「すごい楽しい」

今、わたしが集中すべきことは、ただひとつ。観光である。

このままおばあさんになって
仕事もお金もなくて、
寝たきりになって
頼る人もなかったら
そしたら、
あたしの人生は、
歩いてきた人生全部が
台なしになってしまうの?
って考えると、
震えてしまうんだ

わたしの漫画の主人公がつぶやいていたセリフ。これを描いたとき、まだ30代だった。40歳を過ぎ、なにかが解決したわけじゃない。ぼんやりとした不安が振り払われることもない。でも、だけど、瞬間の幸せを認められる力が備わった。ヘルシンキの街を気ままに歩いているときのわたしの「幸せ」は、完璧な形をしていた。わたしを惑わすものなど、なにひとつなかった。

ストックマンという大きなデパートの地下食品売り場は、食材を見て歩くのが好きな人にはたまらない品揃えである。さらに、平日は夜の9時まで開いているので、観光が終わったあとでもゆっくり買い物ができる。

旅も3日目。残すところあと1日。明日の夕方にはヘルシンキともお別れである。最後の夕飯、なににしようかなぁ。日本でのひとり旅でもよくデパ地下を利用するけれど、海外だとなおさら便利。惣菜の量り売りコーナーを行ったりきたりして品定めする。サラダや揚げ物、鳥のグリルやミートボール。ひとりでたくさんは食べられないので厳選せねばならぬ。だいたい決まったところで、カウンターの前にある発券機のボタンを押す。銀行みたいに順番通りに注文をきいてもらえるので気楽である。

電光掲示板に自分の番号が出たら前に出る。あとは、指さし注文でOK。これとこれを「ちょっとだけでください」というジェスチャーで伝えれば、ちょっとだけ容器に入れてくれる。温かい料理は保温されているので、煮込みハンバーグなどはホカホカのまま持ち帰れるのだった。

さ、ホテルに戻ってのんびり食べよ。

でも、その前に一休み。デパ地下のエスカレーター前にあるベンチに腰掛け、買ったチョコレートをつまみつつボーッとする。これがよくなかった。男の人に声をかけられる。何歳くらいだろう、30代半ばくらいか。彼は、少し酔っていた。お腹にたっぷりとお肉がついている人だった。

「ジャパニーズ？」

ニコニコ笑って聞かれたので、こちらも笑って「イエス」。わたしが優しそうで安心したのか、質問をつづけてくる。彼はわたしの腰掛けているベンチのすぐ前に立っていた。「ボクは、ＳＡＫＥ（酒）を知っている」というようなことを言われ、どうやらわたしを飲みに誘いたいようだった。わたしが「お酒は飲めない」と単語をつなぎあわせれば、「なるほど、そうか」と大袈裟に両手を広げて笑った。でも、くじけない。「ビールは好き？」なんて言ってる。そして、この近くにバーがあるという話題に突入。わたしは得意の「アイ キャンノット スピーク イングリッシュ」。

ふいに、彼がわたしの指をさして「結婚してるの？」と聞いた。わたしは右手の薬指に指輪をしていたのだけれど、酔っぱらっている彼には左手に見えたのだろう。「結婚している。夫と子供は、今、ホテルにいる」。適当な嘘をついた。彼はきまり悪そうに笑った。でも「近くにバーがあるよ！」と言いつづけていた。5分くらいやりとりしていただろうか。わたしが頃合をみて立ち上がり、「バイバイ」と笑顔で手を振ると、彼も「バーイ」。わたしはストックマンを後にした。

惣菜が入ったビニール袋をブラブラさせながら、夜のヘルシンキを歩く。

さっきの彼。酔っぱらって、デパ地下のベンチでボーッとしている日本人の中年女に声をかけた。結婚指輪を確認した。でも、それは右手だった。彼は一度も「一緒にバーに行こうよ」とは口にしなかった。決定的に断られるのが嫌で言えなかったのではないか。

とても淋しい気持ちだった。それは、彼に対してではなく、なにか、もっと大きなものにむかって淋しかった。人生とか、時間とか、生死とか、そういうもの。

センチメンタルな心を抱えてホテルに戻り、大きなハンバーグをペロリと平らげたのだった。

ヘルシンキ4日目、朝。弾む足取りでホテルを出発した。歩きながら胸の中で唱えていた言葉。それは、

「シナモンロール！　シナモンロール！　シナロンロール！」

焼き立てのシナモンロールを出すカフェがあるというので、ぜひ食べたいと思って

いたのである。

実は前日、アアルト自邸で一緒にガイドツアーに参加していた日本人の女性が、「アアルトのアトリエも見学することができて、さっき行ってきたんですよ。11時30分の一回だけしかガイドツアーをやってないんですけど」と言っていたのである。

そして、今日がわたしの観光最終日。アアルトのアトリエを見にいくなら、この午前中しかないわけである。でも、焼き立てシナモンロールは絶対に食べたい。アアルトのアトリエを見た後に行く予定をたてたとしても、旅の時間は不確かである。万が一、焼き立てのシナモンロールを食べそこなったら……。

アアルトとシナモンロール。

ふたつにひとつ！

というわけで、シナモンロールを選んだわたしである。だって、だって、アアルトのアトリエはなくならないだろうけど、街のカフェはいつまであるかわからない。アアルトのアトリエは、またきっといつか行こう！　という前向きな諦めをしたのだった。

デザイン博物館の先にある『カフェ・サクセス』。ここが焼き立てシナモンロールのお店である。とても小さなカフェ。入ると、シナモンの香りが店内にただよっていた。

セルフサービスなので、カウンターで注文。コーヒーと、もちろん、シナモンロール。すっごく大きいシナモンロールである。

手でちぎりながら食べている女性がいたけれど、わたしはそのままパクリ。生地はしっとりもちもち。こんなにおいしいシナモンロールを今まで食べたことがない。シナモンロールって甘すぎるイメージがあったのだけれど、ここのはとてもほどよくて、シナモンが強い。苦いコーヒーとも相性がよく、明日もまた来られないのが残念だった……。でも、今日、来られて本当に良かったと、自分の選択に満足する。

幸せな気持ちでカフェを出て、港まで散歩。マーケットをふらっと見て、また雑貨や洋服屋さんめぐり。偶然見かけた大きな生地屋さんにも寄った。フィンランドの『ユザワヤ』という感じ？　北欧的なデザイン生地が安く量り売りされており、目うつりして店から出られない。何に使うかも考えず、幾何学的な柄の生地を切ってもらった。

フィンランドひとり旅 写真帖

英語が読めない、話せない。はじめての海外ひとり旅をパシャリ。

フィンエアー

つい撮ってしまう機内食

今回泊ったソコス ホテル ヘルシンキ。
シンプルで感じがいい

スオメンリンナ要塞行きの
フェリー。15分ほどかかる

世界遺産のスオメンリンナ島の
人口は850人くらい

スオメンリンナ要塞。
天空の城ラピュタを思い出す

マリメッコのショップ。
日本人もたくさん来ていた

マリメッコのアウトレット
で見つけた花模様の生地

ヨハンナ・
グリクセンのバッグ

オールドマーケットはレトロな
レンガ造り

オールドマーケット
のスープ屋さん

ファッツェル社の
チョコレートを
大人買い

カフェ・カール・ファッツェルにて。
チーズのオープンサンドを食べる

カフェ・エクベリで午後のおやつ

カフェ・サクセスの特大の
シナモンロール

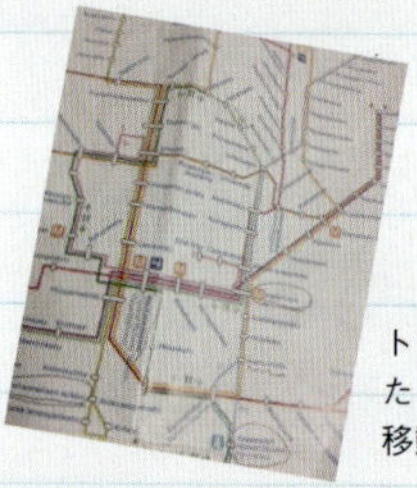

トラム（路面電車）が
たくさん走っている。
移動に便利

ハカニエミ・マーケッ
トで鍋つかみを購入

アアルトの自邸。トラムで向かう

その後、アテネウム美術館、キアズマ美術館とふたつの美術館に行き、最後はおなじみ『カフェ・カール・ファッツェル』へ。コーヒーを飲んで最後のほっこり。知らなかったけど、フィンランドはコーヒーの消費量が世界一なんだとか。ヘルシンキの街にはカフェがたくさんあった。

思う存分観光したなぁ。本当に楽しい旅だった。楽しい、楽しいって、何度思ったかわからない。

ホテルにスーツケースを取りに行き、駅前から空港リムジンバスに乗り込んだ。

さようなら、わたしのヘルシンキ……。

思いにふけりたいところだけど、まだ一仕事残っていた。余ったユーロが少しあるので、空港内のショップでイッタラ社のカップを買わないと！（3個買えた。）

18
2012年
11月初旬

奈良

実家の大阪から東京に戻る前に、久しぶりに奈良へ遊びに行く。在来線で京都駅まで出て、奈良線に乗り換えた。

話はそれるが、京都駅といえば新幹線の改札を入ったところにある『宝泉』という茶寮。前々から存在は知っていたのだが、ずっと素通りしていた。しかし、ある時、店の前に立ててあるメニューを、ちらっとのぞいてみたところ、吸い寄せられるように中に入ったのだった。

栗しるこ。

メニューに写真が載っていた。

どういう「おしるこ」なんだろう？　栗の甘露煮が入っている、というものではな

いようだ。なぜなら、栗の色のしるこなのである。

席について、いそいそと栗しるこを注文するものの、なんと、もうひとつ気になるメニューが……。

栗きんとん。

うーん。栗きんとんも大好きだしなぁと値段を見たら、1個630円！　ほんの一口のサイズなのに。

どうしよう、でも、注文を受けてから作る栗きんとんだなんて、めちゃくちゃおいしそう。大人買いという言葉があるが、ここは大人食べ。栗しること栗きんとん、両方を注文したわたしである。

待つこと数分。まずは栗しるこが登場。小さな湯のみほどの器に、濁りのあるコーンスープみたいな液体が入っていた。まさしく、栗のしるこである。木のスプーンで一口。甘さの中にも、栗のもふもふっとした優しさがあり、今まで出会ったことのないおいしさだった。栗が好きで本当に良かった〜と、何度もうなずきながら食べ終えた。

つづいて栗きんとんが登場。きゅっとしぼった形がかわいらしいが、1個が630円。なかなかにくらしい奴である。竹のフォークでちょびっと食べる。まったりと濃厚。栗を何個使っているんだろう？　しかも、中にも大きな栗がごろりと1個入っており、栗をとことん満喫できる。秋に京都に降り立つときは、かならずここに寄ろうと誓ったのだった。

さてさて、話はもどり、奈良駅に着いたのは午後の2時すぎ。小腹が空いていたので、クラシックホテルで有名な、『奈良ホテル』でランチを食べることにする。

奈良ホテルは、1909年に関西の迎賓館として創業された歴史あるホテルで、オードリー・ヘプバーンをはじめ外国からのたくさんの有名人がここに訪れているのだそう。

タクシーに乗ると5分ほどで到着。一見、大きな和風旅館である。しかし、正面玄関を入りフロントを通り抜けると、前方には、赤い絨毯が敷かれた大階段。これが、もう、本当に美しい。撮影ポイントなのだそうで、写真を撮っている観光客もいた。

成人式の写真をここで撮ったら、きっと着物も映えるだろうなぁ、と眺めつつ、左へ曲がってメインダイニングの『三笠』へ。

和風なんだけど洋風。洋風なんだけど和風。どこかエスニックでもある不思議な内装である。注文をとりにきてくれたレストランの人が、店内に飾られている絵の説明までしてくださった。

「あちらは横山大観となります」

さらりと掛けられている絵が横山大観。なんか、すごいぞ、奈良ホテル。わたしが座った窓側の席からは、首をぐーっとかたむければ五重塔が見えた。

ランチのフルコースもあったけれど、ハンバーグサンドイッチを注文。白いお皿にピシッと3切れ。つなぎの少ない、肉っぽいハンバーグだった。好みでケチャップをかけてくださいと言われ、いっぱいかけて食べた。一緒に白ぶどうのジュースを飲む。

食後は、案内図を貰って館内散策。ラウンジには、アインシュタイン博士が滞在中に弾いたピアノも展示されているというので見に行くと、あいにく修理中。いつか、泊まりにきて見てみようと思う。

さて、奈良ホテルを満喫したあとは、歩いて奈良公園へ。大仏を見に行くのではない。実は、わたしにはどうしても食べておきたいデザートがあったのである。

吉野本葛。

専門店が奈良市内にあるとガイドブックに載っていたのを見逃さなかった。つるりとした食感の葛は、わたしの好物のひとつ。ハンバーグサンドイッチを食べたばかりだというのに、奈良公園のそばの、『吉野本葛　黒川本家』というお店へ直行。席につくと、いそいそと「葛もち」を注文する。注文を受けてから作るというので、10分ほど待っただろうか。できたての葛もちは温かく、口に入れれば、ぷるん、とろり。黒蜜をお好みでかけて食べられる。ときどき、上にのったきな粉にむせながらも、あっという間に食べ終えた。

それにしても、なんておいしいんだろう！

本葛は、昔は白いダイヤとも呼ばれていたそうで、大切にされてきたことがよくわかる。

葛もちのあまりのおいしさに、その後、別のお店で葛きりも平らげた。わたしは、葛きりより、葛もちのほうが断然好きということがわかった。まだまだ自分のことはわかっていないものである。

それにしても食べ過ぎだよなぁ。

反省し、腹ごなしにちょっと歩く。奈良公園には修学旅行中の中学生がわんさといて、エサを欲しがる鹿に付きまとわれてワーワーと騒いでいた。

立ち止まってその集団をじっと見る。すると気づくのだ。ひとりでいる子。どのグループとも交わっていない。鹿も、奈良公園も、きれいな夕焼けも、お土産物屋さんも、あの子にとってはどうでもいいものなのではないか。この行程をたんたんとやり過ごすことがすべてなのだ。

早く「大人」という場所に逃げておいで。

なにもできないわたしは、彼に、彼女に、ビームをおくった。大人になれば少しだけ自由だよ。ひとりで旅に出たって平気だよ。

しばらく奈良公園をぶらりとしたあと、結局、帰りに名物・柿の葉寿司を購入。東京に戻るとペロリと平らげたのであった。

旅費

交通費	約 2400 円
食費 ハンバーグサンドイッチとジュース、 葛もちなど	 約 5000 円
柿の葉寿司	約 1000 円
合計	約 8400 円

19

2013年
1月初旬

山口 萩

２０１３年、初旅は山口県である。年末年始に風邪で寝込み、実家の大阪に帰省したのが１月５日。お正月気分も薄まっていたので、東京に戻る前に山口県の萩へとひとり旅に出ることにしたのだった。

新幹線で新山口へ。

車中、遠藤周作の『わたしが・棄てた・女』（講談社文庫）を読む。解説にこんな一文があった。

「あらゆる作家にとって、かれのもつテーマはただひとつだけである。だから、どのような形式の作品を書くにしろ、作家はただひとつの、かれのテーマを追っているものだ」

遠藤周作と自分を同列にする気はさらさらないけれど（当たり前……）、わたしもそうだなと思った。つきつめれば書きたいテーマはひとつしかない。それはなんですか？　とは聞かれたくないなぁ。

さて、新山口駅に着いたら、そこからさらにバスである。地図で見ていると、新山口～萩間は、瀬戸内海から日本海側までを大横断！　という感じで大変そうだったんだけど、実際はそんなに大変でもなかった。途中、山を越えたりするものの、山道は急カーブもなく乗り心地も良かった。時間にして約1時間半である。

萩に着いたのが午後の3時半すぎ。正確には東萩駅である。観光案内所で、地図やパンフレットなどいろいろいただく。受付の女性の口調がやわらかく、あることを思い出した。

「おいでませ、山口へ」

山口県にあるホテル（だったかな？　お菓子かも？）のテレビコマーシャルが、大阪でよく流れていた。幼かったわたしは、方言というものの存在をまだ知らなかった。だから、「おいでませ、山口へ」という宣伝文句に衝撃を受けたのである。

住む場所によって言葉が変わる。とても不思議だった。どうしてそんなことが起こるんだろう。一体、誰がどうやって変えたんだろう？　不思議で不思議でたまらなかった。と、同時に、「おいでませ」をとても美しいと感じていたのである。たとえ子供であっても、人を丁寧に迎えようとしている言葉だということはわかるものなのだ。

観光案内所を後にし、初日はそのままホテルへ。新幹線の中からガイドブックに載っていた宿を予約していたので、100円バスに乗ってのんびり向かう。10分ほどで海辺の温泉宿に到着。一泊二食付きで1万680円。

部屋からは海が一望でき、日本昔話に出てきそうな、三角のかわいい山も見えた。温泉につかったあと、1階のレストランで夕食。なんと、夕食会場にはわたしひとり。他にお客はいないのだろうかと心配していたら、翌日の朝食会場には2組の家族がいたので、ちょっとホッとする。

さあ、いよいよ萩観光である。ホテルでレンタル自転車を借りて、いざ出発！

城下町周辺が一番の見どころのようで、古い武家屋敷や町家とともに、幕末の志士のゆかりの旧宅などが点在していた。吉田松陰、高杉晋作、伊藤博文、木戸孝允らの生家や旧宅跡など、見どころがたくさんあるようだった。

しかしながら、わたしのテンションが一番あがったのは、夏みかんである。夏みかんは萩の名物でもあり、いろんなお菓子が売られていた。中でも、城下町の小さな和菓子屋さんで買った夏みかんタルトがめちゃくちゃおいしかった。ひとつ買って、途中、公園で自転車をとめて食べたら「わっ」と感動し、帰りにもう一度お店に寄ったほど。

「さっき食べた夏みかんタルトがすごくおいしくて、また買いにきました！」

お店の人に言ったら、

「あら、嬉しい、じゃあ、これひとつおまけ」

コーヒー羊羹というのを付けてくれた。

重要文化財になっている菊屋家住宅という町屋も見学する。ガイドブックに「萩藩の豪商」とあるとおり、大きくて立派なおうちである。伊藤博文が外国から持ち帰ったという、約140年前の振り子時計が壁にかけられてあり、ちょうど正午でその音を聞くことができた。カンカンカンカンカンと思っていた以上に速いスピードで鳴ってびっくり。西洋の少女の絵が描いてある素敵な時計だった。

この菊屋家住宅の周辺は、ガイドブックにもよく登場する古い街並みで、写真を撮っている観光客もちらほら。古い街並みをうたう観光地ってたくさんあるけれど、作り過ぎてテーマパークっぽくなっていたりすることも多い。その点、萩の町は白々しさがなく自然だった。学校帰りの小学生たちが歩いている姿がしっとりと馴染み、ここが故郷って素敵だなぁと思える。

その後、松陰神社を観光し、萩焼の窯元をいくつかまわると、もう帰りの時間。バスの出発まで30分ほどあったので、萩バスセンターの前にあるスーパーで最後のお買い物。名物のういろうや、仙崎《せんざき》のスルメなどをカゴに入れ、急に食べたくなって「とんがりコーン」もひとつ。新山口までのバスの中では熟睡し、ぼーっとしたまま新幹線に乗り込んだ。

萩、なんか、好きだったかも〜。

とんがりコーンを食べながら、夕暮れの山口県を後にしたのだった。

旅費

京都〜新山口	新幹線 13620 円
新山口〜東京	新幹線 20650 円
新山口〜萩	バス往復 4000 円
バス	100 円
宿泊	10680 円（一泊二食付き）
レンタサイクル	500 円
吉田松陰歴史館	500 円
菊屋家住宅	500 円
食費	
夏みかんタルト（2 個）	360 円
ういろう	320 円
夏みかんクッキー	500 円
夏みかんスライス	650 円
仙崎イカのスルメ	580 円
その他	約 1000 円
合計	53960 円

益田ミリ

1969年大阪生まれ。イラストレーター。主な著書に、四コマ漫画「すーちゃん」シリーズや「泣き虫チエ子さん」シリーズなどがある。また、エッセイ集『47都道府県 女ひとりで行ってみよう』『前進する日もしない日も』『銀座缶詰』や小説『アンナの土星』、絵本『月火水木金銀土日 銀曜日になにしよう?』(絵・平澤一平)など、ジャンルを超えて活躍する。

ブックデザイン 米倉英弘(細山田デザイン事務所)
本文DTP 米山雄基
初出 ふぅ「福たび」 2010年6月号~2013年6月号
Webマガジン幻冬舎 2012年11月1日号~2013年6月1日号

ちょっとそこまで ひとり旅 だれかと旅

2013年6月25日　第1刷発行

著者　益田ミリ

発行者　見城徹

発行所　株式会社幻冬舎
〒151-0051東京都渋谷区千駄ヶ谷4-9-7
電話03（5411）6211（編集）
03（5411）6222（営業）
振替00120-8-767643

印刷・製本所　株式会社光邦

検印廃止

ISBN978-4-344-02416-8 C0095
幻冬舎ホームページアドレス http://www.gentosha.co.jp/

この本に関するご意見・ご感想をメールでお寄せいただく場合は、comment@gentosha.co.jpまで。